KB276172

韓国語の道しるべ 1

李銀淑・宋美炅 著

한글파크

ようこそ、『韓国語の道しるべ』へ！

　私たちは、市民講座・高校・大学など、さまざまな教育現場で韓国語を教えてきた経験をもとに、「文字の段階から楽しく学びたい」「実際に使える韓国語を身につけたい」という多くの学習者の声を反映し、本教材を制作しました。この教材を通して、皆さんが自然に韓国語の世界に親しみ、学ぶ楽しさと "話せる喜び" を感じていただければ幸いです。

　本書の特徴と使い方は次の通りです。

1. ハングル (文字)学習とミニ会話文で学習意欲を高める！

　ハングル学習とともにミニ会話文も取り入れ、初期段階から自然に話す練習ができるようにしました。ハングル学習の前に活用すると効果的で、教師の授業スタイルに合わせて自由に使えます。

2. 4技能をバランスよく習得！

　各課に「読む・聞く・話す・書く」練習が組み込まれており、総合的な韓国語力が自然と身につきます。

3. 便利なオンラインツールも活用！

　語彙練習には「Quizlet」を導入。QR コードから簡単にアクセスでき、スキマ時間を活用して学習できます。

4. 実生活に役立つ内容で定着度アップ！

各課には、実際の会話を想定したタスクや演習があり、学んだことをすぐに実践できます。

5. 段階的学習：全26回構成！

ハングル1課〜6課は各90分授業×1回（計6回）、1課〜10課までは各90分授業×2回（計20回）、全26回の構成で、無理なく着実に韓国語を習得できます。

6. 検定対策にも対応！

本書を活用することで、ハングル能力検定5級レベルの力を身につけることができます。

7. 韓国文化に触れる文化コーナー！

韓国語学習と関連した5つの文化コーナーを収録し、楽しみながら韓国文化にも触れられるようにしました。

本書が皆さんの韓国語学習の道しるべとなり、学びの一助となれば幸いです。

著者　李銀淑　宋美炅

教材の構成

課	項目	内容	ミニ会話・童謡	
ハングル 1課	文字を学ぶ前に	韓国語について知ろう！		
	母音①	ㅏㅓㅗㅜㅡㅣㅐㅔ	안녕하세요?	こんにちは。
	子音①	ㅇ	저는 (　)입니다.	私は(自分の名前)です。
			(　)에서 왔어요.	(住んでいる地域)から来ました。
	パッチム①	ㅇ	반갑습니다.	お会いできて嬉しいです。
ハングル 2課	母音②	ㅑㅕㅛㅠㅒㅖ	A: 우유 좋아해요?	牛乳好きですか。
			B: 네(예), 좋아해요.	はい、好きです。
	子音②	ㄴㅁㄹ	아니요, 안 좋아해요.	いいえ、好きではありません。
ハングル 3課	子音③	ㄱㄷㅂㅅㅈ	A: 일본 사람이에요?	日本人ですか。
			B: 네(예), 일본 사람이에요.	はい、日本人です。
	パッチム②	ㄴㅁㄹ	아니요, 한국 사람이에요.	いいえ、韓国人です。
ハングル 4課	母音③	ㅘㅝㅟㅙㅞㅚㅢ	A: 과일 뭐 좋아해요?	果物何が好きですか。
			B: 사과 좋아해요.	リンゴが好きです。
	子音④	ㅋㅌㅍㅊㅎ	A: 저도 사과 좋아해요.	私もリンゴが好きです。
			B: 아, 그래요?	あ、そうですか。
ハングル 5課	子音⑤	ㄲㄸㅃㅆㅉ	A: 지금 뭐 먹고 싶어요?	今何が食べたいですか。
			B: (비빔밥) 먹고 싶어요.	(ビビンバ)が食べたいです。
	パッチム③	ㄱㅋㄲ ㄷㅌㅅㅆㅈㅊㅎ ㅂㅍ	童謡「熊三匹」	
ハングル 6課	発音と表記の まとめ	二重パッチム ハングルの日本語表記 発音変化 ハングルのまとめ		

本書の使い方

本教材は、全26回の授業で構成されており、1回あたりの授業時間は90分を目安としています。

・ハングル第1課〜第6課：全6回

・第1課〜第10課：各課2回で全20回

本格的に文字を学習する前に、まず［ミニ会話］を通して単語や表現に触れられるように構成されています。ハングルへの関心を引き出し、学習意欲を高めます。

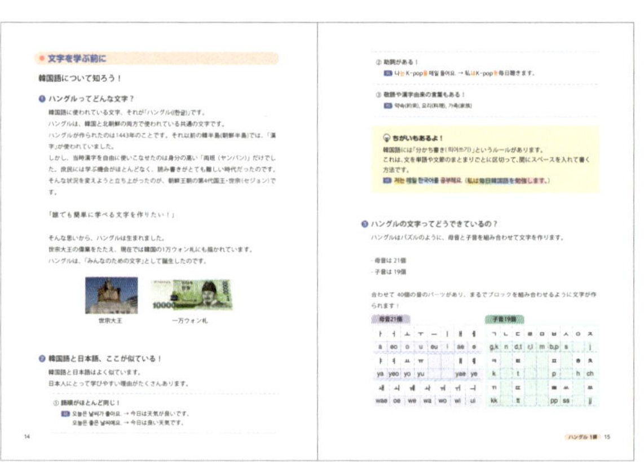

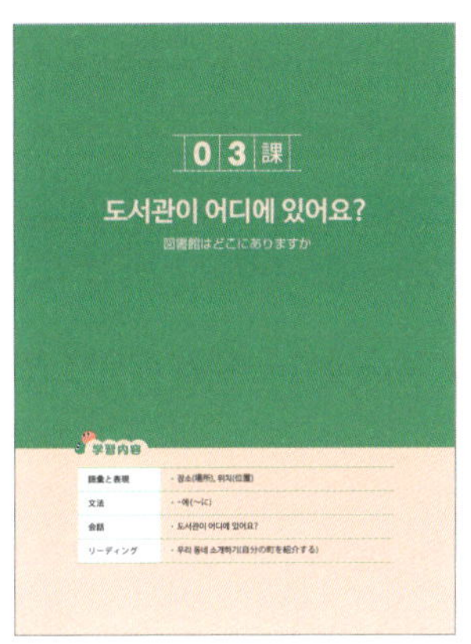

学習内容

各課で学習する文法、会話、リーディング、リスニングの
内容を一目で把握できるようにまとめています。
学習の流れを理解するのに役立ちます。

語彙と表現

文法、会話、リーディング、リスニングをより
効果的に進めるために、新出語彙や表現を事
前に学習します。

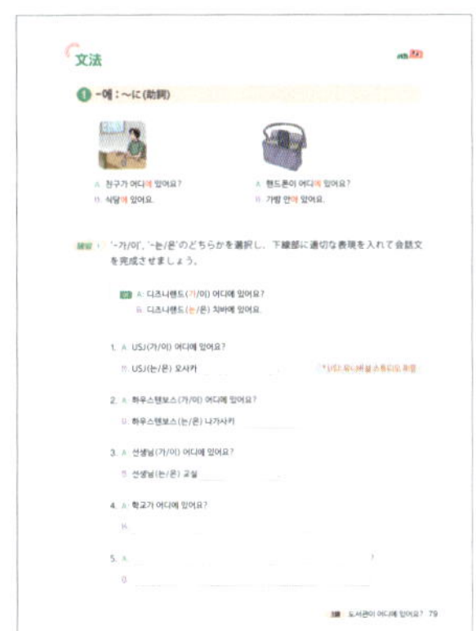

文法

基礎的なパターン学習から実践的な活用へと
段階的な練習を通して、学習した文法を実生
活の中で使えるようにしています。

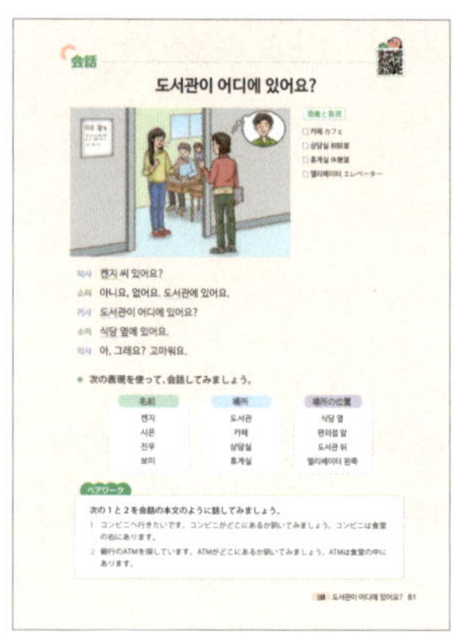

会話

- 語彙と表現の練習：会話文に登場する新出語彙や表現を先に学習することで、会話の内容を無理なく理解することができます。
- QRコード音声：QRコードをスキャンすると、会話文の音声を聞くことができます。
- ペアワーク：会話内の表現を置き替えながら練習することで、応用力を養います。

リーディング

- **話してみよう**：テーマに関連した質問をすることで、本文への導入としています。
- **語彙と表現**：新出語彙や表現を先に学習することで、本文の内容を無理なく理解することができるようにします。
- **読んでみよう**：質問を通して本文を読む目的を明確にし、本文の内容をより理解しやすくします。
- **QRコード音声**：QRコードをスキャンすると、本文の内容を聞くことができます。
- **内容確認**：
  - 가 内容の理解度を確認します。
  - 나 お互いに質問し合いながら、内容の理解をより深めます。
- **話してみよう＆書いてみよう**：読んだ内容をもとに、話す力と書く力を養います。

リスニング

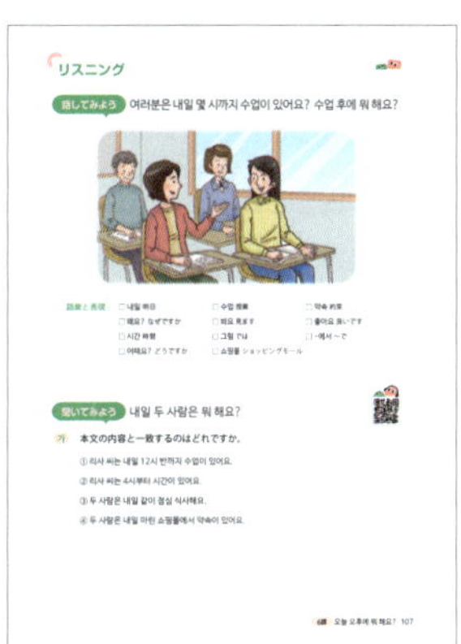

- **話してみよう**：テーマに関連した質問をすることで、本文への
  導入としています。

- **語彙と表現**：新出語彙や表現を先に学習することで、本文の内
  容を無理なく理解することができるようにします。

- **聞いてみよう**：質問を通して本文を聞く目的を明確にし、本文
  の内容をより理解しやすくします。

- **QRコード音声**：QRコードをスキャンすると、本文の内容を聞くことができます。

- **内容確認**：

  가 内容の理解度を確認します。

  나 お互いに質問し合いながら、内容の理解をより深めます。

- **話してみよう＆書いてみよう**：聞いた内容をもとに、話す力と書く力を養います。

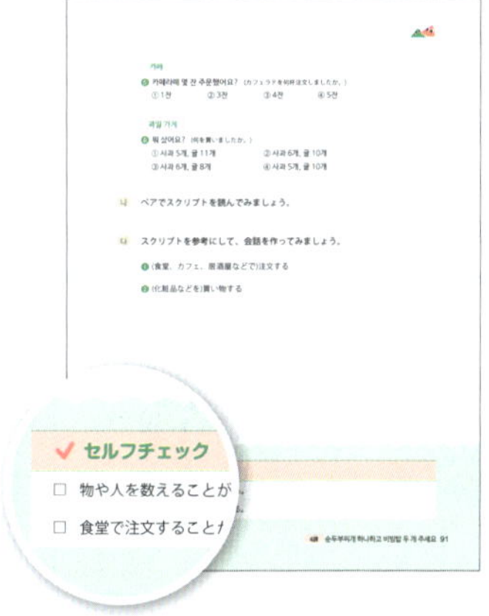

セルフチェック

学習者自身が理解度を確認できるように、各課の最後に自己評価
項目を設けています。

ハングル1課	ハングル2課	ハングル3課	ハングル4課	ハングル5課	ハングル6課
QRコード	QRコード	QRコード	QRコード	QRコード	QRコード
		QRコード	QRコード	QRコード	

	1課	2課	3課	4課	5課
文法会話	QRコード	QRコード	QRコード	QRコード	QRコード
Reading / Listening	QRコード	QRコード	QRコード	QRコード	QRコード

	6課	7課	8課	9課	10課
文法会話	QRコード	QRコード	QRコード	QRコード	QRコード
Reading / Listening	QRコード	QRコード	QRコード	QRコード	QRコード

 目次

여자
일본 사람
대학생

남자
일본 사람
대학생

여자
한국 사람
유학생

남자
한국 사람
회사원

ハングル

０１課

学習内容

・文字を学ぶ前に

・母音①（ㅏㅓㅗㅜㅡㅣㅐㅔ）
　子音①（ㅇ）
　パッチム①（ㅇ）

韓国語について知ろう！

❶ ハングルってどんな文字？

韓国語に使われている文字、それが「ハングル(한글)」です。

ハングルは、韓国と北朝鮮の両方で使われている共通の文字です。

ハングルが作られたのは1443年のことです。それ以前の韓半島(朝鮮半島)では、「漢字」が使われていました。

しかし、当時漢字を自由に使いこなせたのは身分の高い「両班（ヤンバン）」だけでした。庶民には学ぶ機会がほとんどなく、読み書きがとても難しい時代だったのです。

そんな状況を変えようと立ち上がったのが、朝鮮王朝の第4代国王・世宗（セジョン）です。

「誰でも簡単に学べる文字を作りたい！」

そんな思いから、ハングルは生まれました。

世宗大王の偉業をたたえ、現在では韓国の1万ウォン札にも描かれています。

ハングルは、「みんなのための文字」として誕生したのです。

世宗大王

一万ウォン札

❷ 韓国語と日本語、ここが似ている！

韓国語と日本語はよく似ています。

日本人にとって学びやすい理由がたくさんあります。

① 語順がほとんど同じ！

例 오늘은 날씨가 좋아요. → 今日は天気が良いです。
　　오늘은 좋은 날씨예요. → 今日は良い天気です。

② 助詞がある！

例 나는 K-pop을 매일 들어요. → 私はK-popを毎日聴きます。

③ 敬語や漢字由来の言葉もある！

例 약속(約束), 요리(料理), 가족(家族)

> 💡 **ちがいもあるよ！**
>
> 韓国語には「分かち書き(띄어쓰기)」というルールがあります。
> これは、文を単語や文節のまとまりごとに区切って、間にスペースを入れて書く
> 方法です。
> 例 저는 매일 한국어를 공부해요. (私は毎日韓国語を勉強します。)

❸ ハングルの文字ってどうできているの？

ハングルはパズルのように、母音と子音を組み合わせて文字を作ります。

- 母音は 21個
- 子音は 19個

合わせて 40個の音のパーツがあり、まるでブロックを組み合わせるように文字が作
られます！

母音21個

ㅏ	ㅓ	ㅗ	ㅜ	ㅡ	ㅣ	ㅐ	ㅔ
a	eo	o	u	eu	i	ae	e
ㅑ	ㅕ	ㅛ	ㅠ			ㅒ	ㅖ
ya	yeo	yo	yu			yae	ye
ㅙ	ㅚ	ㅞ	ㅘ	ㅝ	ㅟ	ㅢ	
wae	oe	we	wa	wo	wi	ui	

子音19個

ㄱ	ㄴ	ㄷ	ㄹ	ㅁ	ㅂ	ㅅ	ㅇ	ㅈ
g,k	n	d,t	r,l	m	b,p	s		j
ㅋ		ㅌ			ㅍ		ㅎ	ㅊ
k		t			p		h	ch
ㄲ		ㄸ			ㅃ	ㅆ		ㅉ
kk		tt			pp	ss		jj

❹ ハングルの構造

ハングルは「子音+母音」もしくは「子音+母音+子音（パッチム）」が組み合わさってできています。

① 子音 + 母音

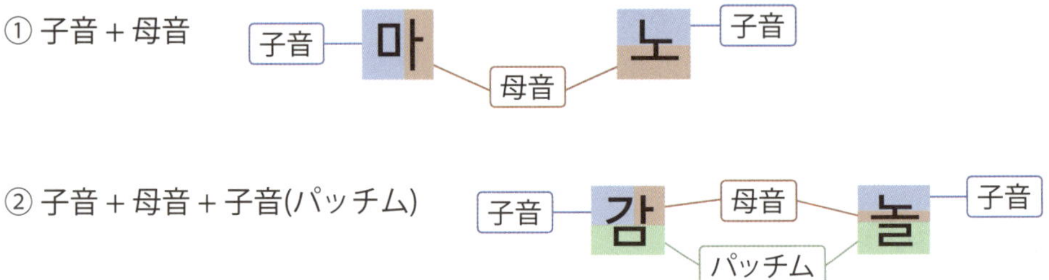

② 子音 + 母音 + 子音(パッチム)

● 母音①

母音は「天地人」の形から造られました。

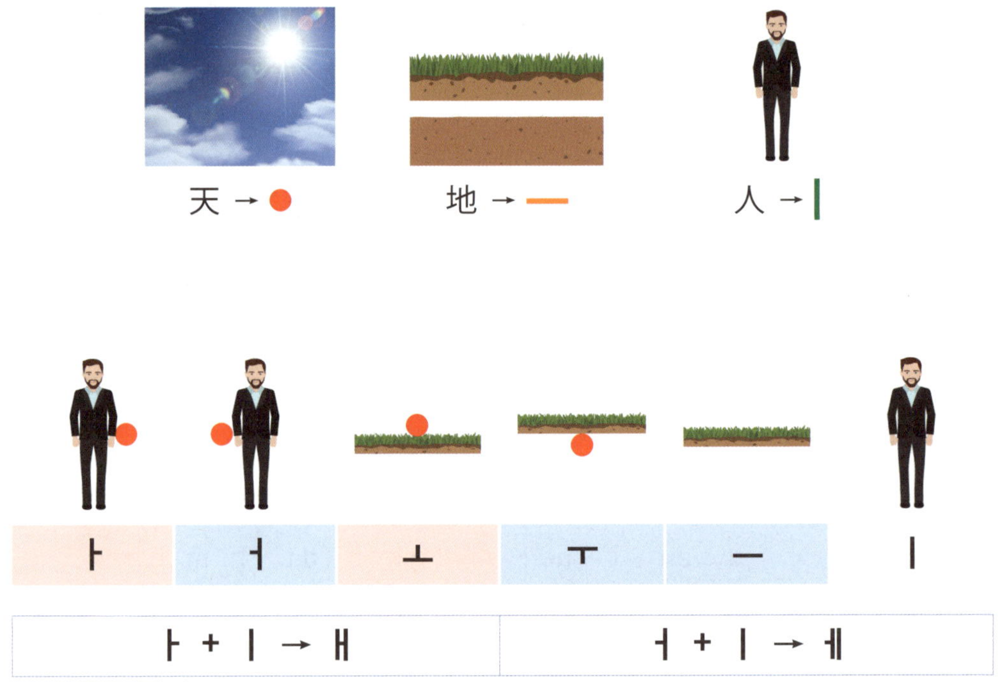

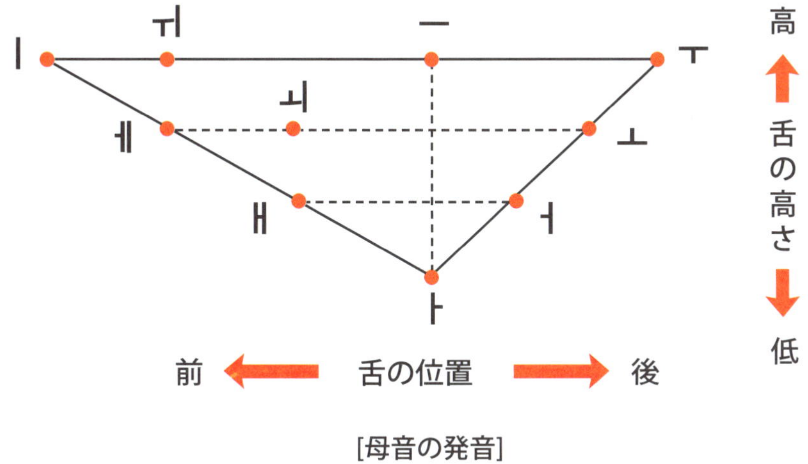

[母音の発音]

● 子音①

ハングルの子音は発声器官を模して造られました。

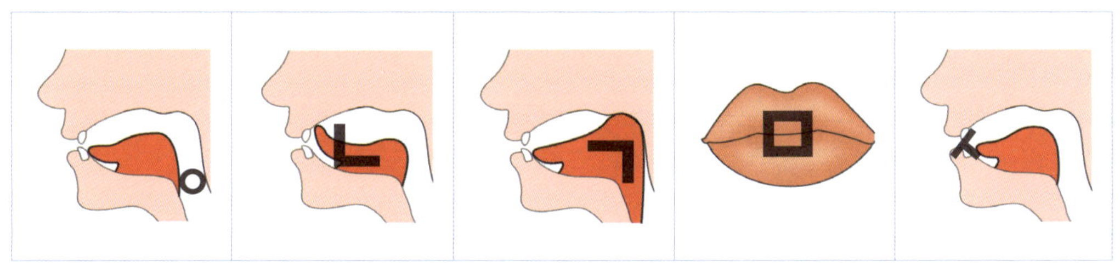

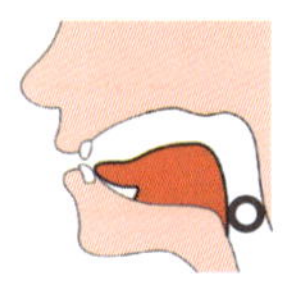
子音 ㅇ（子音の名前：이응 イウン）

無音

아	어	오	우	으	이	애	에
a	eo	o	u	eu	i	ae	e
아	어	오	우	으	이	애	에
아	어	오	우	으	이	애	에

● パッチム①

パッチムは、母音の下に来る子音を指します。パッチムの音は7つあります。

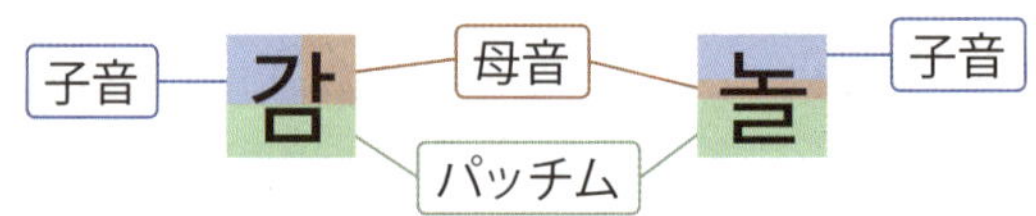

ここでは、そのうちの一つを学びます。

앙 [ang]	「ん」の後ろに「カ、ガ」行の発音を言う準備をする音 例 あんこ、あんがい

発音しながら書いてみましょう。

앙	엉	옹	웅	응	잉	앵	엥

아이	子供				
오이	きゅうり				
오	五				
이	二 / 歯				
에이	A				
애	子供 (아이の縮約)				
응	うん				
잉어	鯉				
우엉	ゴボウ				

ミニ会話

自己紹介 〈자기 소개〉

① 안녕하세요?	アンニョンハセヨ	こんにちは。
② 저는 (　)입니다.	チョヌン(　)イムニダ	私は(自分の名前)です。
③ (　)에서 왔어요.	(　)エソ　ワッソヨ	(住んでいる地域)から来ました。
④ 반갑습니다.	パンガプスムニダ	お会いできて嬉しいです。

韓国の名前

韓国の名前は、**姓＋名前**の順でできています。

たとえば、**金ユラ(김유라)** という名前では、「金(キム)」が姓、「ユラ」が名前です。

姓はほとんどが**一文字**、名前は**二文字**の人が多いです。

(例: 朴(パク) ジミン、李(イ) ハナ、車(チャ) ウヌ など)

「〜씨 (シ:氏)」の使い方に注意！

人を丁寧に呼ぶときに使う「〜씨(氏)」は、日本語の「〜さん」に近い言葉です。

でも、使い方に注意が必要です！

✖「金 씨(キム シ)」

　　→ 姓の後につけると、失礼にあたるか、相手を見下す印象を与えます。

⭕「ユラ 씨(ユラ シ)」または「金 ユラ 씨(キム ユラ シ)」

　　→ 名前の後やフルネームの後につけるのが正しい使い方です。

〜씨(氏)は名前の後につけましょう！

まれに「ナムグン(南宮)」や「ソヌ(鮮于)」のように、二文字の姓もあります。

ハングル

０２課

・母音②（ㅑ ㅕ ㅛ ㅠ ㅒ）
　子音②（ㄴ ㅁ ㄹ）

아	어	오	우	으	이	애	에
↓	↓	↓	↓			↓	↓
야	여	요	유			얘	예

※'얘, 예'の発音は[ハングル6課]をご参考ください。

야	여	요	유			얘	예
ya	yeo	yo	yu			yae	ye
야	여	요	유			얘	예
야	여	요	유			얘	예

※ハングルの母音21個のうち、次の10個は基本母音です。 

아	야	어	여	오	요	우	유	으	이

練習 1 単語を発音しながら書いてみましょう。 

우유		牛乳		
이유		理由		
예		はい		
여우		狐		

❶ 子音 ㄴ（子音の名前 : 니은 ニウン）

[n]

H2-04

나	너	노	누	느	니	내	네

냐	녀	뇨	뉴			냬	녜

練習 2　単語を発音しながら書いてみましょう。　H2-05

네		はい			
누나		お姉さん (弟から見た姉)			
나이	歳	年齢			

❷ 子音 ㅁ （子音の名前：미음 ミウム）

[m]

마	머	모	무	므	미	매	메

야	여	묘	뮤			얘	예

練習 ❸ 単語を発音しながら書いてみましょう。　

나무		木		
어머니		お母さん		
매미		セミ		

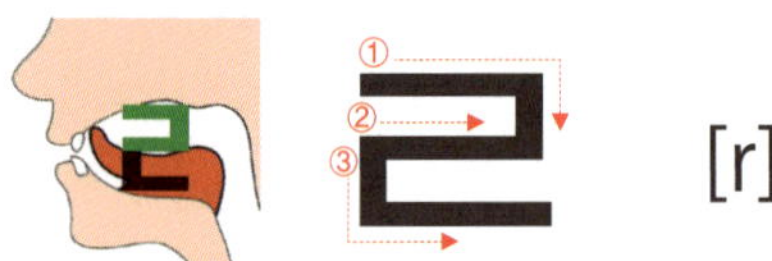

❸ 子音 ㄹ（子音の名前：리을 リウル）

[r]

라	러	로	루	르	리	래	레

랴	려	료	류			럐	례

練習 ❹ 単語を発音しながら書いてみましょう。

나라		国		
우리		私たち		
노래		歌		

 次の単語の日本語の意味を書いてみましょう。

나라	나무	나이	노래	네

매미	우리	어머니	누나

練習 6　次の単語を韓国語で書いてみましょう。

私たち	お姉さん	お母さん	年齢	セミ

歌	はい	木	国

【ビンゴゲーム】

①習った単語を韓国語で書いてください。

②先生が韓国語で発音した単語に○をつけましょう。

A: 우유 좋아해요?　　　　ウユ　チョアヘヨ？　　　　牛乳好きですか。

B: 네(예), 좋아해요　　　　ネ(イェ)、　チョアヘヨ　　　　はい、好きです。

아니요, 안 좋아해요.　アニヨ、　アン　チョアヘヨ　　いいえ、好きではありません

・子音③ (ㄱㄷㅂㅅㅈ)
　パッチム② (ㄴㅁㄹ)

❶ 子音 ㄱ （子音の名前：기역 ギヨㇰ）

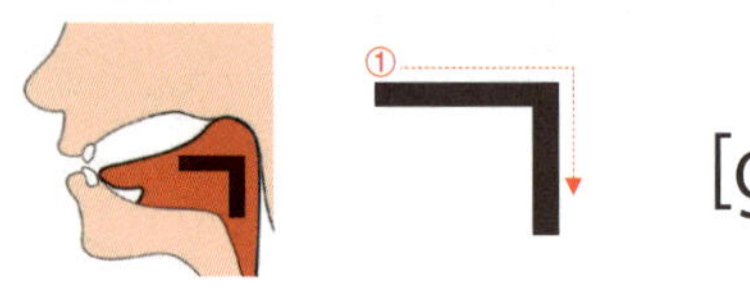

[g]

※単語の最初に来る時は［k］に近い音になります。

母音の左に書く時は斜めに、
母音の上に書く時は真っすぐ書きます。

H3-01

가	거	고	구	그	기	개	게

야	여	교	규			걔	계

練習❶ 　単語を発音しながら書いてみましょう。　　H3-02

고기		肉		
이거		これ		
가게		店		

❷ 子音 ㄷ (子音の名前：디귿 ディグッ)

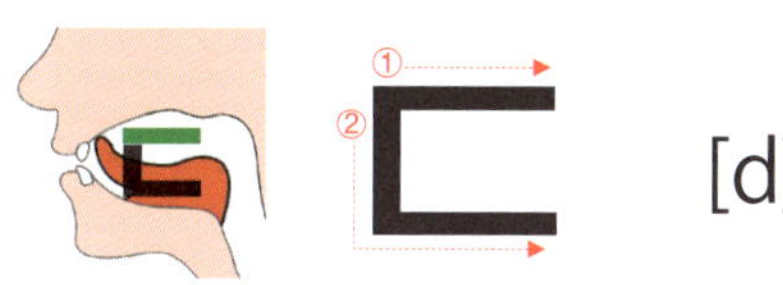 [d]

※単語の最初に来る時は［ t ］に近い音になります。

H3-03

다	더	도	두	드	디	대	데

댜	뎌	됴	듀			대	뎨

練習 2 単語を発音しながら書いてみましょう。　H3-04

구두		靴		
드라마		ドラマ		
다도		茶道		

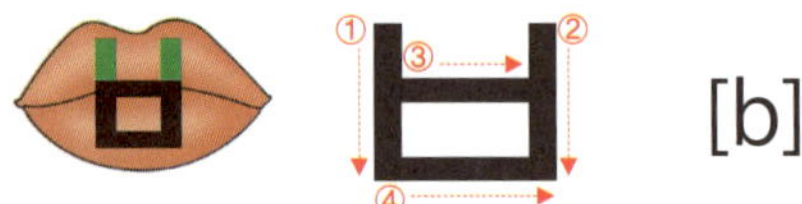

[b]

※単語の最初に来る時は［ｐ］に近い音になります。

바	버	보	부	브	비	배	베

뱌	벼	뵤	뷰			뱨	볘

練習 ❸ 単語を発音しながら書いてみましょう。

바다		海			
비		雨			
두부		豆腐			

④ 子音 **ㅅ**（子音の名前：시옷 シオッ）

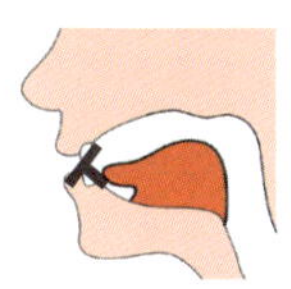 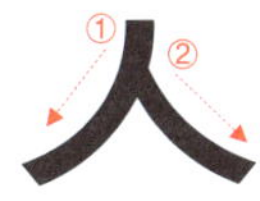 [s]

사	서	소	수	스	시	새	세

샤	셔	쇼	슈			섀	셰

練習 4　単語を発音しながら書いてみましょう。　

버스		バス		
사다리		はしご		
가수		歌手		

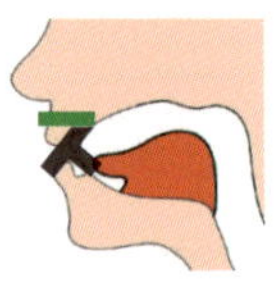 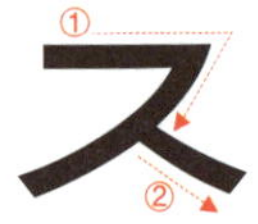 ㅈ [j]

※単語の最初に来る時は[ch]に近い音になります。

H3-09

자	저	조	주	즈	지	재	제

쟈	져	죠	쥬			쟤	졔

練習 ❺ 単語を発音しながら書いてみましょう。  H3-10

바지		ズボン		
모자		帽子		
주머니		ポケット		

안	[an]	「ん」の後ろに「ナ」行の発音を言う準備をする音 例 あん̲ない
암	[am]	「ん」の後ろに「マ」行の発音を言う準備をする音 例 あん̲まん
알	[al]	舌先を上の歯茎の裏に付けて発音

発音しながら書いてみましょう。

안	언	온	운	은	인	앤	엔
암	엄	옴	움	음	임	앰	엠
알	얼	올	울	을	일	앨	엘

練習 6 　パッチムに注意しながら発音してみましょう。　

밤	일	산	강
夜、栗	一、仕事	山	川
물	가방	냉면	사람
水	鞄	冷麺	人

사랑	일본	남자	언니
愛	日本	男	姉
안경	서울	선생님	이름
メガネ	ソウル	先生	名前

練習 7　単語を発音しながら書いてみましょう。

물		水		
사랑		愛		
일본 사람		日本人		
안경		メガネ		
선물		プレゼント		
가방		鞄		
선생님		先生		

ミニ会話

A: 일본 사람이에요?　　　　　イルボン サラミエヨ　　　　　日本人ですか。

B: 네(예), 일본 사람이에요.　　ネ(イェ) イルボン サラミエヨ　　はい、日本人です。

　　아니요, 한국 사람이에요.　アニヨ、ハングック サラミエヨ　いいえ、韓国人です。

※사람이에요の発音は[ハングル6課]の連音化をご参考ください。

ハングル

０４ 課

学習内容

- 母音③（ᅪ ᅯ ᅱ ᅢ ᅦ ᅬ ᅴ）
  子音④（ᄏ ᄐ ᄑ ᄎ ᄒ）

| 오＋아
와
[wa] | 우＋어
워
[wo] | 우＋이
위
[wi] | |
| 오＋애
왜
[wae] | 우＋에
웨
[we] | 오＋이
외
[oe] | 으＋이
의
[ui] |

H4-01

와	워	위	왜	웨	외	의
와	워	위	왜	웨	외	의
와	워	위	왜	웨	외	의

発音しながら書いてみましょう。　 H4-02

과	뭐	귀	돼	궤	뇌	늬※
봐	줘	뒤	봬	쉐	되	

※'의' は ㅇ以外の子音と組み合わせた場合は[i]で発音される。

귀		耳			
뭐		何			
가위 바위 보		じゃんけん ぽん			
사과		りんご			
병원		病院			
과일		果物			
왜요?		なぜですか			
돼지		豚			
열쇠		鍵			
웨딩드레스		ウェディング ドレス			
의자		椅子			
무늬		模様			

ㄱ	ㄷ	ㅂ	ㅈ	ㅇ
[g]	[d]	[b]	[j]	[無音]
↓	↓	↓	↓	↓
ㅋ	ㅌ	ㅍ	ㅊ	ㅎ
[k]	[t]	[p]	[ch]	[h]

❶ 子音 ㅋ（子音の名前：키읔 キウク）

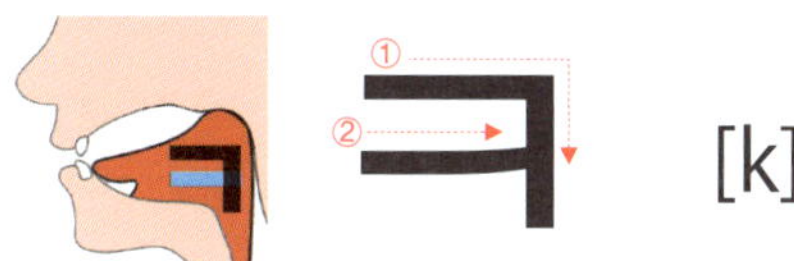

[k]

H4-04

카	커	코	쿠	크	키	캐	케

캬	켜	쿄	큐	콰	쿼	퀴	쾌

練習 2 単語を発音しながら書いてみましょう。　H4-05

コ		鼻		
ケーキ		ケーキ		
クイズ		クイズ		

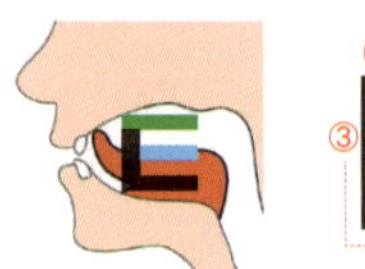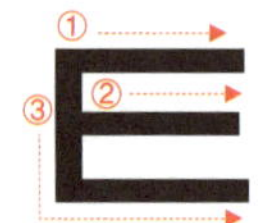 [t]

타	터	토	투	트	티	태	테

튜	튀	퇴	퉤

練習 **3** 単語を発音しながら書いてみましょう。　

토마토		トマト			
태양		太陽			
튀김		天ぷら			

❸ 子音 ㅍ （子音の名前：피읖 ピウプ）

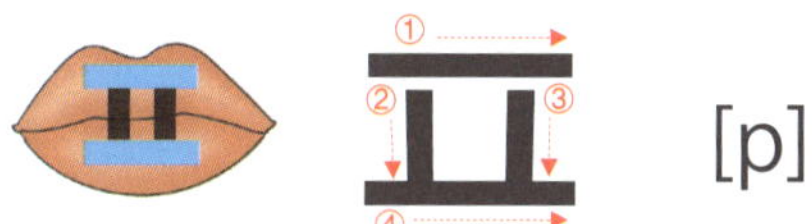

[p]

H4-08

파	퍼	포	푸	프	피	패	페

펴	표	퓨	폐

練習 4　単語を発音しながら書いてみましょう。　　H4-09

커피		コーヒー			
포도		ぶどう			
아파트		アパート			

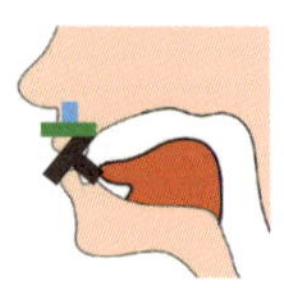
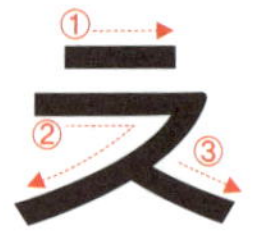

[ch]

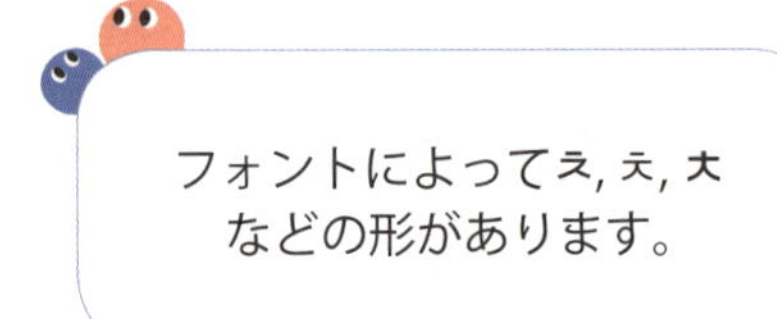

H4-10

차	처	초	추	츠	치	채	체

쳐	츄	촤	춰	취	최	췌

練習 5　単語を発音しながら書いてみましょう。　H4-11

김치		キムチ		
최고		最高		
자동차		自動車		

❺ 子音 ㅎ （子音の名前：히읗 ヒウッ）

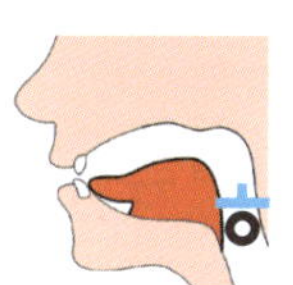 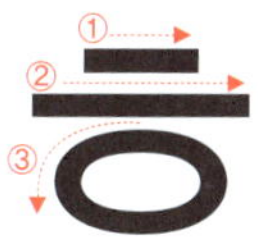 [h]

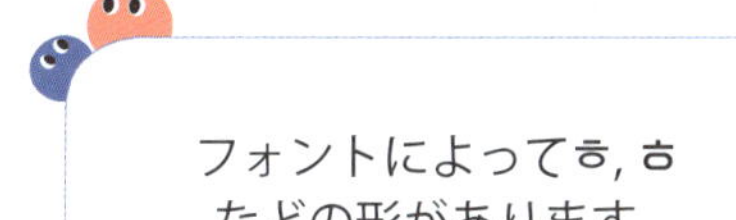

하	허	호	후	흐	히	해	헤
햐	혀	효	휴	희	화	회	훼

練習 6 単語を発音しながら書いてみましょう。　

오후		午後			
한글		ハングル			
회사		会社			

파티　　초코　　텔레비전　　카레라이스　　이어폰

피아노　　카메라　　컴퓨터　　아이폰　　블루투스

스키　　스케이트　　아이패드　　에어팟　　와이파이

ミニ会話

A: 과일 뭐 좋아해요?　　　果物何が好きですか。

B: 사과 좋아해요.　　　リンゴが好きです。

A: 저도 사과 좋아해요.　　　私もリンゴが好きです。

B: 아, 그래요?　　　あ、そうですか。

ハングル

０５課

- 子音⑤（ㄲ ㄸ ㅃ ㅆ ㅉ）
  パッチム③（ㄱ ㅋ ㄲ, ㄷ ㅌ ㅅ ㅆ ㅈ ㅊ ㅎ, ㅂ ㅍ）

❶ 子音　ㄲ （子音の名前：쌍기역 サンギヨㇰ）

ㄲ ①② [kk]

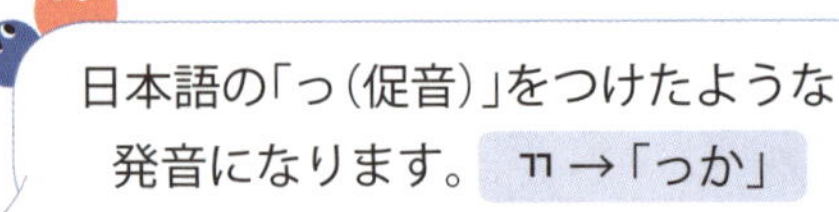

H5-01

까	꺼	꼬	꾸	끄	끼	깨	께

껴	꽈	꿔	뀌	꾀	꽤	꿰

練習 1　単語を発音しながら書いてみましょう。　H5-02

어깨		肩		
까마귀		カラス		
껌		ガム		

❷ 子音 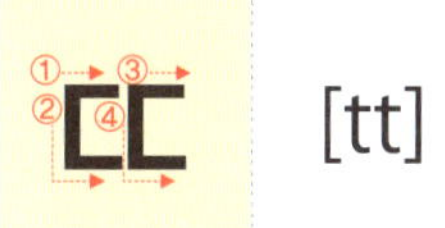 (子音の名前 : 쌍디귿 サンディグッ)

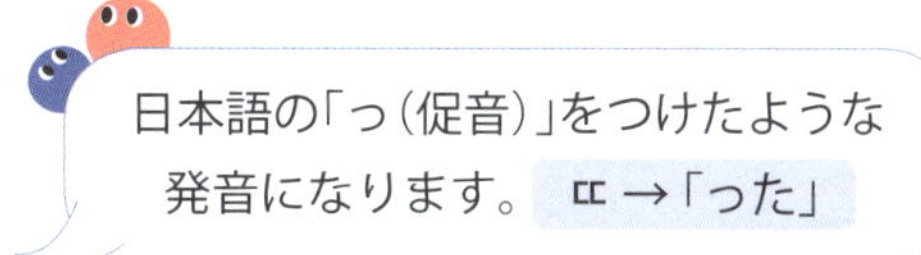

[tt]

H5-03

따	떠	또	뚜	뜨	띠	때	떼

띄	뛰	뙤

練習 2　単語を発音しながら書いてみましょう。　　H5-04

딸기		いちご		
뚜껑		蓋		
뚱뚱해요		太っています		

❸ 子音 ㅃ（子音の名前：쌍비읍 サンビウプ）

ㅃ [pp]	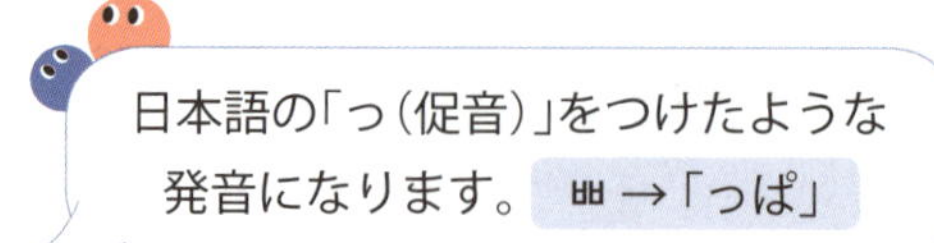

H5-05

빠	뻐	뽀	뿌	쁘	삐	빼	뻬

뺘	뼈	뾰

練習 ❸　単語を発音しながら書いてみましょう。　H5-06

바빠요	 忙しいです		
예뻐요	綺麗です		
빵	パン		

❹ 子音 ㅆ （子音の名前：쌍시옷 サンシオッ）

| ㅆ
[ss] | 日本語の「っ（促音）」をつけたような発音になります。ㅆ→「っさ」 |

싸	써	쏘	쑤	쓰	씨	쌔	쎄

씌	쏴	쒀	쐬	쐐

練習 ❹ 単語を発音しながら書いてみましょう。

날씨		天気			
쓰레기		ゴミ			
비싸요		(値段が) 高いです			

⑤ 子音 ㅉ （子音の名前：쌍지읒 サンジウッ）

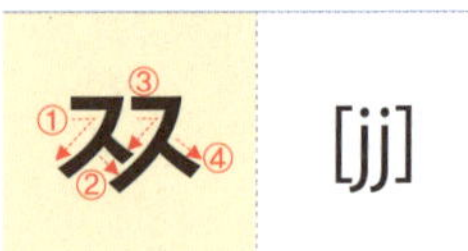

ㅉ [jj]

H5-09

짜	쩌	쪼	쭈	쯔	찌	째	쩨

쪄	쫘	쭤	쬐	쫴

練習 ⑤ 単語を発音しながら書いてみましょう。　　H5-10

진짜	Really?	本当		
찌개		チゲ		
계란찜		茶碗蒸し		

※「平音、激音、濃音」の区別

平音	激音	濃音	発音の区別
ㄱ	ㅋ	ㄲ	**平音** 自然な息の強さで発音する
ㄷ	ㅌ	ㄸ	**激音** 息を強く吐き出しながら発音する
ㅂ	ㅍ	ㅃ	**濃音** 息を出さず、力をこめて発音する
ㅅ		ㅆ	
ㅈ	ㅊ	ㅉ	

받침(パッチム)	発音	例
ㄱ ㅋ ㄲ	[k]	악 = 앜 = 앆
ㅂ ㅍ	[p]	압 = 앞
ㄷ ㅌ ㅅ ㅆ ㅈ ㅊ ㅎ	[t]	앋 = 앝 = 앗 = 았 = 앚 = 앛 = 앟

練習 6 発音してみましょう。

ㄱ ㅋ ㄲ	ㅂ ㅍ	ㄷ ㅌ ㅅ ㅆ ㅈ ㅊ ㅎ
국 약 닭 책	밥 입 집 컵	곧 옷 겉 있
목 밖 속 얶	앞 옆 겹 짭	꽃 얕 낮 잣

練習 7 次の絵と単語を線で繋いで読んでみましょう。

ビビンバ

•   • 삼겹살

サムギョプサル

•   • 핫도그

トック

•   • 비빔밥

ホットドッグ

•   • 떡국

練習 8 単語を発音しながら書いてみましょう。

책		本		
학교		学校		
부엌		台所		
집		家		
지갑		財布		
무릎		膝		
옷걸이		ハンガー		
낮잠		昼寝		
끝	THE END	終わり		
숟가락		スプーン		

歌ってみよう！

곰 세 마리가 한 집에 있어　くま3匹が家にいるよ
아빠 곰! 엄마 곰! 아기 곰　パパさんくま、ママさんくま、赤ちゃんくま
아빠 곰은 뚱뚱해　パパさんくまは、まるまる太っていて
엄마 곰은 날씬해　ママさんくまは、ほっそりしていて
아기 곰은 너무 귀여워　赤ちゃんくまは、とても可愛い
으쓱으쓱 잘한다　満足満足　よく出来ました

'집에, 있어, 곰은'の発音は
[ハングル6課]の連音化を
ご参考ください。

ミニ会話

A: 지금 뭐 먹고 싶어요?　今何が食べたいですか？
B: (비빔밥) 먹고 싶어요.　(ビビンバが)食べたいです。

ハングル

06 課

- 二重パッチム
- ハングルの日本語表記
- 発音変化
- ハングルのまとめ

● 二重パッチム

2文字のパッチムの場合は、片方の子音だけを発音します。　 H6-01

左の子音を発音する	ㄳ, ㄵ, ㄶ, ㄼ, ㄽ, ㄾ, ㅀ, ㅄ	앉다(座る), 없다(ない), 여덟(8), 값(値段)
右の子音を発音する	ㄺ, ㄻ*, ㄿ*	닭(鶏), 읽다(読む), 젊다(若い)

* 印以外は、次の子音の辞書の配列順で、先にくる子音を発音します。

ㄱ→ㄴ→ㄷ→ㄹ→ㅁ→ㅂ→ㅅ→ㅇ→ㅈ→ㅊ→ㅋ→ㅌ→ㅍ→ㅎ

辞書の子音配列順を『きらきら星』のメロディで覚えましょう。

● ハングルの日本語表記

仮名をハングルで表記してみよう！

仮名	ハングル
ア イ ウ エ オ	아 이 우 에 오
カ キ ク ケ コ	가 기 구 게 고(語頭) / 카 키 쿠 케 코(語中, 語末)
サ シ ス セ ソ	사 시 스 세 소
タ チ ツ テ ト	다 지 쓰 데 도(語頭) / 타 치 쓰 테 토(語中, 語末)

ナ ニ ヌ ネ ノ	나 니 누 네 노
ハ ヒ フ ヘ ホ	하 히 후 헤 호
マ ミ ム メ モ	마 미 무 메 모
ヤ ユ ヨ	야 유 요
ラ リ ル レ ロ	라 리 루 레 로
ワ ヲ	와 오
ン	ㄴ
ガ ギ グ ゲ ゴ	가 기 구 게 고
ザ ジ ズ ゼ ゾ	자 지 즈 제 조
ダ ヂ ヅ デ ド	다 지 즈 데 도
バ ビ ブ ベ ボ	바 비 부 베 보
パ ピ プ ペ ポ	파 피 푸 페 포
キャ キュ キョ	갸 규 교(語頭) / 캬 큐 쿄(語中, 語末)
ギャ ギュ ギョ	갸 규 교
シャ シュ ショ	샤 슈 쇼
ジャ ジュ ジョ	자 주 조
チャ チュ チョ	자 주 조(語頭) / 차 추 초(語中, 語末)
ヒャ ヒュ ヒョ	햐 휴 효
ビャ ビュ ビョ	뱌 뷰 뵤
ピャ ピュ ピョ	퍄 퓨 표
ミャ ミュ ミョ	먀 뮤 묘
リャ リュ リョ	랴 류 료

※ **長音は表記しない**

東京 とうきょう ⇒ 도쿄　　　大阪 おおさか ⇒ 오사카

※ **ん → ㄴ**

近畿 きんき ⇒ 긴키

難波 なんば ⇒ 난바

※ **促音 っ → ㅅ**

鳥取 とっとり ⇒ 돗토리

札幌 さっぽろ ⇒ 삿포로

練習 ① 次の日本の地名や名前などをハングルで表記してみましょう。

1. 京都（きょうと） ⇒

2. 九州（きゅうしゅう） ⇒

3. 新潟（にいがた） ⇒

4. 鎌倉（かまくら） ⇒

5. 新宿（しんじゅく） ⇒

6. 六本木（ろっぽんぎ） ⇒

7. 三菱（みつびし） ⇒

8. 田中順子（たなか・じゅんこ） ⇒

9. 自分の名前(仮名) ______________________________

　　⇒ (ハングル) ______________________________

「의」の発音 

発音	発音のルール	例
[의]	語頭の時	**의**견　**의**논　**의**미
[이]	語頭以外の時	강**의**　거**의**　예**의**
	'ㅇ'以外の子音と共に来る時	**희**망　무**늬**　**흰**색
[에]	助詞「の」の意味の時	친구**의** 친구　　아이**의** 우유

「얘/예」の発音 

① [ye]　얘기　예술
② [e]　　걔　시계　계란　사례　폐

　※「ㅐ,ㅖ」の前に'ㅇ,ㄴ,ㅅ'以外の子音が来たら発音が[e]になる。

連音化 (연음화) 

パッチムの後に ㅇ で始まる音節が続く場合、そのパッチムが ㅇ の代わりに発音されます。

例　일본 사람이에요　[일본 사라미에요]　　비빔밥이에요　[비빔바비에요]
　　읽어요　　　　　　[일거요]　　　　　　있어요　　　　　[이써요]
　　없어요　　　　　　[업써요]

激音化 (격음화) 

パッチムの発音[k(ㄱ,ㅋ,ㄲ)],[p(ㅂ,ㅍ)], [t(ㄷ,ㅌ,ㅅ,ㅆ,ㅈ,ㅊ,ㅎ)]の後に「ㅎ」が続くと、激音の「ㅋ,ㅌ,ㅍ」で発音されます。

例　백화점　　[배콰점]
　　깨끗해요　[깨끄태요]
　　연습해요　[연스패요]

濃音化 (경음화) 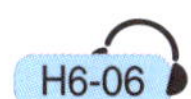

パッチムの発音[k(ㄱ,ㅋ,ㄲ)],[p(ㅂ,ㅍ)], [t(ㄷ,ㅌ,ㅅ,ㅆ,ㅈ,ㅊ,ㅎ)]の後に[ㄱ,ㄷ,ㅂ,ㅅ,ㅈ]が続くと、それぞれ[ㄲ,ㄸ,ㅃ,ㅆ,ㅉ]で発音されます。

例　학교 [학꾜], 듣다 [듣따], 국밥 [국빱], 학생 [학쌩], 숙제 [숙쩨]

〈모음〉（母音）

아 야 어 여 오 요 우 유 으 이 애 에 얘 예 와 워 위 왜 외 웨 의

〈자음〉（子音）

ㄱ			ㅋ	ㄲ	
ㄴ		ㄷ	ㅌ	ㄸ	ㄹ
ㅁ		ㅂ	ㅍ	ㅃ	
ㅅ		ㅈ	ㅊ	ㅆ ㅉ	
ㅇ			ㅎ		

〈받침〉（パッチム）

パッチム	音	例
ㄴ	[n]	안
ㅁ	[m]	암
ㅇ	[ng]	앙
ㄹ	[l]	알
ㄱ, ㅋ, ㄲ	[k]	악 앜 앆
ㅂ, ㅍ	[p]	압 앞
ㄷ, ㅌ, ㅅ, ㅆ, ㅈ, ㅊ, ㅎ	[t]	앋 앝 앗 았 앚 앛 앟

저는 안도 리사예요

私は安藤リサです

学習内容

語彙と表現	• 인사(挨拶), 국적(国籍), 직업(職業), 취미(趣味)
文法	• -예요/이에요(〜です), -는/은(〜は) • -를/을 좋아해요(〜が好きです)
会話	• 저는 안도 리사예요.
リーディング	• 자기 소개(自己紹介)

 語彙と表現

挨拶 인사

- 안녕하세요? こんにちは。
- 처음 뵙겠습니다. はじめまして。
- (만나서) 반갑습니다. お会いできて嬉しいです。

名前 이름

- 저는 ○○입니다. 私は○○です。

国籍 국적

- 저는 ○○ ○○입니다. 私は○○○○です。

일본 사람 (日本人)	한국 사람 (韓国人)	미국 사람 (アメリカ人)	중국 사람 (中国人)

職業 직업

- 저는 ○○입니다. 私は○○です。

대학생 (大学生)	회사원 (会社員)	의사 (医師)	공무원 (公務員)

趣味 취미

- 제 취미는 ○○입니다. 私の趣味は○○です。

여행 (旅行)	운동 (運動)	독서 (読書)	음악을 듣는 것 (音楽を聴くこと)	유튜브를 보는 것 (Youtubeを見ること)

❶ -예요/이에요：〜です

疑問文は「？」をつけて語尾のイントネーションを上げる。

名詞(パッチム無)　-예요	名詞(パッチム有)　-이에요

名前

- 스기모토 켄지예요.
  杉本ケンジです。

- 아오야마 카린이에요.
  青山カリンです。

国籍

- 일본 사람이에요.
  日本人です。

職業

- 학생이에요.
  学生です。

趣味

- 독서예요.
  読書です。

- 음악을 듣는 것이에요.
  音楽を聴くことです。

練習 1　下線部に適切な表現を入れましょう。

1. 회사원＿＿＿＿＿＿＿＿＿＿＿. 会社員です。

2. 유튜브를 보는 것＿＿＿＿＿＿＿. YouTubeを観ることです。

3. 뭐＿＿＿＿＿＿＿＿＿＿＿＿? 何ですか。

4. 일본 사람＿＿＿＿＿＿＿＿? 日本人ですか。

「〜です」は「-입니다」も使える

「입니다」は畏まった時に使う。書き言葉、話し言葉どちらでも使われる。

「예요/이에요」は話し言葉として使う。

例 스기모토 켄지입니다.　　강하준입니다.

※ 疑問文は、-입니까?で、語尾のイントネーションを上げる。

例 일본사람입니까? 日本人ですか。　　학생입니까? 学生ですか。

❷ -는/은 : 〜は(助詞)

名詞(パッチム無) -는	名詞(パッチム有) -은
 • 저는 학생이에요. 私は学生です。	• 선생님은 한국사람이에요. 先生は韓国人です。

練習 2 下線部に適切な表現を入れましょう。

1. 저＿＿ 일본 사람이에요.　　　私は日本人です。

2. 선생님＿＿ 여자예요.　　　先生は女性です。

3. 취미＿＿ 유튜브를 보는 것이에요.　趣味はYouTubeを観ることです。

❸ -를/을 좋아해요 : 〜が好きです

名詞(パッチム無) -를 좋아해요	名詞(パッチム有) -을 좋아해요
 • 저는 불고기를 좋아해요. 私はプルコギが好きです。	 • 선생님은 냉면을 좋아해요. 先生は冷麺が好きです。

日本語では「〜が好きです」と言いますが、韓国語では「〜を好きです」と言います。
疑問文は、좋아해요?で、語尾のイントネーションを上げます。

練習 3 下線部に適切な表現を入れましょう。

1. 저는 한국 영화＿＿ 좋아해요.　　　私は韓国の映画が好きです。

2. 친구는 쇼핑＿＿ 좋아해요.　　　私はショッピングが好きです。

3. 저는 ＿＿＿＿＿＿＿＿＿＿.　私は(　　　　　)が好きです。

練習 4 次の質問に答えてみましょう。その後、友達に訊いてみましょう。

음식(食べ物)	사람(人)
가: 뭐를(뭘) 좋아해요?　何が好きですか。 나:	가: 누구를 좋아해요?　誰が好きですか。 나:

저는 안도 리사예요.

리사 　안녕하세요? 이름이 뭐예요?

하준 　강하준이에요. 이름이 뭐예요?

리사 　저는 안도 리사예요. 하준 씨, 한국 사람이에요?

하준 　네, 한국 사람이에요.

리사 　저는 일본 사람이에요. 반갑습니다.

本文の会話に続き、次の表現を使って話してみましょう。

취미가 뭐예요?

음식 뭐 좋아해요?

가수 누구 좋아해요?

잘 부탁합니다. よろしくお願いします。

話してみよう 皆さんは自己紹介をする時、どんなことを言いますか？

語彙と表現 □ 취미 趣味　　□ 독서 読書　　□ 대학생 大学生
　　　　　　　　 □ 여행 旅行

読んでみよう 켄지 씨는 취미가 뭐예요?

안녕하세요?

저는 스기모토 켄지예요.

일본 사람이에요.

취미는 독서예요.

K-pop(케이팝)을 좋아해요.

반갑습니다.

안녕하세요?

저는 유소미입니다.

한국 사람이에요.

대학생이에요.

여행을 좋아해요.

만나서 반갑습니다.

 本文の内容と一致するのはどれですか。

① 켄지 씨는 회사원이에요.

② 켄지 씨는 독서를 좋아해요.

③ 소미 씨는 한국 사람입니다.

④ 소미 씨는 영화를 좋아해요.

나 **次の質問に答えてみましょう。**

❶ 켄지 씨는 어느 나라 사람이에요?　　　　　　　　* 어느 나라 (どの国)

❷ 켄지 씨는 뭐를 좋아해요?

❸ 소미 씨 직업이 뭐예요?　　　　　　　　* 직업 (職業)

❹ 소미 씨는 뭐를 좋아해요?

다 **(　　)の中に自分に関する情報を書き込み、自己紹介文を完成させてください。そして、話してみましょう。**

挨拶	(　　　　　　　　　　　　　　　　　　)?
名前	저는 (　　　　　　　　　　　　　)
国籍	(　　　　　　) 사람이에요.
趣味	취미는 (　　　　　　)예요/이에요.
好きな物(事・人)	저는 (　　　　　　)를/을 좋아해요.
最後の挨拶	(　　　　　　　　　　　　　　　　)

라 (　　　)の中に好きな人に関する情報を書き込み、その人の紹介文を完成させてください。そして、話してみましょう。

名前	(　　　　　　　　　　　　　　)
国籍	(　　　　　　　) 사람이에요.
趣味	취미는 (　　　　　　)이에요/예요.
その人の好きな物(事・人)	(　　　　　　　　　　　　)

마 **다**と**라**で話した内容を書いてみましょう。

---

02 課

이게 뭐예요?

これは何ですか

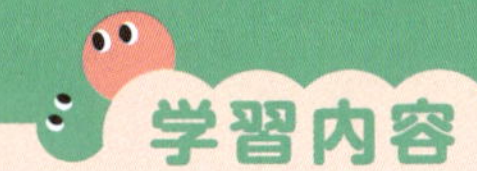

語彙と表現	• 사물(物), 뭐예요?(何ですか)
文法	• -가/이(〜が), -하고(〜と) • 이것/그것/저것(これ/それ/あれ) • 있어요(あります・います), 없어요(ありません・いません)
会話	• 이게 뭐예요?
リスニング	• 가방에 뭐가 있어요?(かばんには何がありますか)

下の絵を見て、今持っている物をチェックしてみましょう。
そして韓国語で言ってみましょう。

物 물건

何 뭐

A: 이게 뭐예요?
B: 책이에요.

練習 1　'이게 뭐예요?'を使って会話してみましょう。

文法

❶ -가/이 : 〜が(助詞)

名詞(パッチム無) -가	名詞(パッチム有) -이
모자가	학생이

練習 1 '-가/이'を入れてみましょう。

1. 물________　　2. 친구________　　3. 가방________　　4. 열쇠________

練習 2 下線部に'-가/이'を入れてから、'뭐예요?'または'어디예요?'(どこですか)につなげて、質問文を完成させましょう。

1. 취미______　　　●

2. 이름______　　　●　　　　　　　● 뭐예요?

3. 집(家)______　　●　　　　　　　● 어디예요?

4. 학교(学校)______　●

※ 最初の質問、または質問が一つだけの場合は、「는/은」ではなく「가/이」を使います。

練習 3 名前、趣味、家、学校についてペアの人に質問してみましょう。

❷ 이것 그것 저것 : これ それ あれ

「이것」「그것」「저것」に助詞「-가/이」(〜が)が付くと、口語では次のように短く言うのが一般的です。

基本形	-가/이(が)	縮約形	意味
이것	이것이	이게	これが(は)
그것	그것이	그게	それが(は)
저것	저것이	저게	あれが(は)

練習 4 鞄の中にある物を3つ出してください。そしてペアの人と'(이게/그게/저게) 뭐예요?'を使って、お互い聞いて答えましょう。

③ 있어요：あります・います　/ 없어요：ありません・いません

A: 지우개가 있어요?

B: 네, 있어요. / 아니요, 없어요.

A: 언니가 있어요?

B: 네, 있어요. / 아니요, 없어요.

* 아니요 (いいえ)

練習 5　'(　　)가/이 있어요?'を使ってペアの人に質問してみましょう。
'있어요'と答えた場合は〇、'없어요'と答えた場合は×をつけてください。

(　　　　　)	ペアの人
손수건	
안경	
이어폰	
한국 친구	
오빠 / 형	
언니 / 누나	
남자(여자) 친구	

* 오빠(女性が呼ぶお兄さん)
형(男性が呼ぶお兄さん)
언니(女性が呼ぶお姉さん)
누나(男性が呼ぶお姉さん)
남자 친구(彼氏)
여자 친구(彼女)

④ −하고：−と(助詞)

A: 가방에 뭐가 있어요?

B: 지갑하고 열쇠가 있어요.

練習 6　'−하고'を使って質問に答えてみましょう。

1. 일본 음식 뭐 좋아해요?

2. 가방에 뭐가 있어요?

3. 책상에 뭐가 있어요?

4. 교실에 누가 있어요?

* 누가 (誰が)

이게 뭐예요?

語彙と表現

☐ 필통 筆箱、ペンケース

☐ 너무 とても

☐ 예뻐요 綺麗です

☐ 인터넷 쇼핑몰 インタネット
　ショッピングモール

☐ 그래요? そうですか

☐ 고마워요 有難うございます

☐ -에 -に（3課で学習する）

소미　이게 뭐예요?

리사　필통이에요.

소미　너무 예뻐요. 이 필통이 인터넷 쇼핑몰에 있어요?

리사　네, 있어요.

소미　아, 그래요? 고마워요 .

ペアワーク

ペアの人の持ち物について、自由に話してみましょう。

リスニング

 이게 뭐예요?

語彙と表現	□ 안경통 メガネケース	□ 커피 コーヒー	□ 카페라떼 カフェラテ
	□ 카페오레 カフェオレ	□ 코코아 ココア	□ 교실 教室
	□ 누가 誰が		

가 次の質問に答えてみましょう。

1 저게 뭐예요?
   ① 필통   ② 안경통   ③ 안경   ④ 연필

2 이게 뭐예요?
   ① 커피   ② 카페오레   ③ 카페라떼   ④ 코코아

3 가방에 뭐가 있어요?
   ① 핸드폰   ② 지갑   ③ 핸드폰, 지갑   ④ 핸드폰, 지갑, 손수건

4 교실에 누가 있어요?
   ① 리사   ② 소미   ③ 리사, 소미   ④ 리사, 소미, 켄지

나　ペアでスクリプトを読んでみましょう。

다　ペアで次の質問をしてみましょう。

    ❶ 가방에 뭐가 있어요?

    ❷ 책상에 뭐가 있어요?

라　**다** で話したことを例のように書いてみましょう。

    例 가방에 필통하고 책하고 지갑이 있어요. 그리고 책상에 컴퓨터하고 커피가 있어요.

✔ セルフチェック

☐ 助詞「-하고」及び、助詞「-가/이」を区別して使うことができる。

☐ 「이것/그것/저것」を区別して話すことができる。

☐ 「있어요/없어요」を使って、持っているものや持っていないものについて話すことができる。

☐ 身の回りの物を韓国語で言える。

韓国に行ったら、ぜひ食べてほしいのがストリートフード(길거리 음식)です！
あつあつ、できたて、そして何よりも「にぎやかで楽しい」韓国の味です。
夜の通りや市場では、屋台（ポジャンマチャ 포장마차）からおいしい匂いが漂います。
学生や会社員、家族、観光客まで、みんな立ち止まって一口パクリ！
ストリートフードは、お腹と心をいっしょに満たす韓国の生活の一部です。

人気メニュー紹介

食べもの	特徴
떡볶이（トッポッキ）	甘辛いソースで煮たもち。屋台の王様！
오뎅（おでん）	あついスープの魚のすり身。体がポカポカ。
튀김（ティギム）	サクサクの天ぷら。トッポッキのソースにつけて食べるのが定番。
호떡（ホットク）	中に黒砂糖とナッツが入った甘いパン。冬にぴったり！
붕어빵（ブンオパン）	韓国式「たい焼き」。あんこがたっぷり入っていて、冬には人気No.1

食べ方のポイント

トッポッキのソースにオデンやティギムをちょっとつけて食べるのが韓国スタイル！

ワンポイントメモ

韓国では「屋台めぐり」は観光だけでなく、学生の放課後の楽しみや、仕事帰りのちょっとしたご褒美でもあります。

<table>
<tr><td>0</td><td>3</td><td>課</td></tr>
</table>

도서관이 어디에 있어요?

図書館はどこにありますか

語彙と表現	• 장소(場所), 위치(位置)
文法	• -에(〜に)
会話	• 도서관이 어디에 있어요?
リーディング	• 우리 동네 소개하기(自分の町を紹介する)

場所 장소

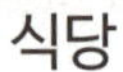
식당

학교

교실

도서관

은행

화장실

편의점

서점

회사

쇼핑몰

位置 위치

위

아래

옆

앞

뒤

안

밖

오른쪽

왼쪽

사이

❶ -에 : 〜に (助詞)

A: 친구가 어디에 있어요?
B: 식당에 있어요.

A: 핸드폰이 어디에 있어요?
B: 가방 안에 있어요.

練習 1 '-가/이', '-는/은'のどちらかを選択し、下線部に適切な表現を入れて会話文を完成させましょう。

> **例** A: 디즈니랜드(가/이) 어디에 있어요?
> B: 디즈니랜드(는/은) 치바에 있어요.

1. A: USJ(가/이) 어디에 있어요?

   B: USJ(는/은) 오사카 _________________.   * USJ: 유니버설 스튜디오 재팬

2. A: 하우스텐보스(가/이) 어디에 있어요?

   B: 하우스텐보스(는/은) 나가사키 _____________.

3. A: 선생님(가/이) 어디에 있어요?

   B: 선생님(는/은) 교실 ____________.

4. A: 학교가 어디에 있어요?

   B: _________________________________.

5. A: _________________________________?

   B: _________________________________.

 絵を見ながら、例にならって会話してみましょう。

例 A: 민수 씨가 어디에 있어요?
B: 민수 씨는 도서관에 있어요.

민수　도서관

재민
학교

아버지
회사

에버랜드
용인

N서울타워
남산

 絵を見て会話文を完成させましょう。

例 A: 핸드폰이 어디에 있어요?
B: 책상 위에 있어요.

핸드폰

가방

책

쓰레기통

자동차

고양이

켄지 씨

선생님

도서관이 어디에 있어요?

리사 　**켄지** 씨 있어요?

소미 　아니요, 없어요. **도서관**에 있어요.

리사 　**도서관**이 어디에 있어요?

소미 　**식당 옆**에 있어요.

리사 　아, 그래요? 고마워요.

＊　次の表現を使って、会話してみましょう。

名前	場所	場所の位置
켄지	도서관	식당 옆
시온	카페	편의점 앞
진우	상담실	도서관 뒤
보미	휴게실	엘리베이터 왼쪽

ペアワーク

次の1と2を会話の本文のように話してみましょう。

1. コンビニへ行きたいです。コンビニがどこにあるか訊いてみましょう。コンビニは食堂の右にあります。

2. 銀行のATMを探しています。ATMがどこにあるか訊いてみましょう。ATMは食堂の中にあります。

話してみよう 여러분 동네에는 뭐가 있어요?

語彙と表現			
□ 동네 町、町内	□ 마트 スーパー	□ 우체국 郵便局
□ 건너편 向かい側	□ 그래서 それで	□ 가요 行きます
□ 자주 よく、しょっちゅう	□ 그리고 そして	□ 역 駅
□ 옷가게 服屋	□ 많이 たくさん	□ -도 〜も

読んでみよう 리사 씨 동네에는 뭐가 있어요?

저는 우리 동네를 좋아해요.

우리 동네에는 은행, 마트, 우체국, 서점, 편의점, 쇼핑몰이 있어요.

우체국 왼쪽에 편의점이 있어요. 그리고 우체국 오른쪽에 은행이 있어요.

은행 건너편에 마트가 있어요. 그 마트 위에 서점이 있어요.

제 취미는 독서예요. 그래서 서점에 자주 가요.

그리고 역 옆에 쇼핑몰이 있어요. 쇼핑몰 안에 옷가게하고 식당이 많이 있어요.

카페도 있어요. 저는 쇼핑을 좋아해요. 그래서 옷가게에도 자주 가요.

가　本文の内容と一致するのはどれですか。

　　① 은행 오른쪽에 편의점이 있어요.

　　② 은행 맞은편에 마트가 있어요.

　　③ 서점 아래에 마트가 있어요.

　　④ 리사 씨는 카페하고 옷가게에 자주 가요.

* 맞은편 (向かい側)

나　次の質問に答えましょう。

　　❶ 서점이 어디에 있어요?

　　❷ 쇼핑몰 안에 뭐가 있어요?

　　❸ 리사 씨는 어디에 자주 가요?

　　❹ 리사 씨는 왜 서점에 가요?

다　自分が住んでいる家の近所の地図を描いてから、文を書いてみましょう。
　　そのあと、ペアの人に自分の町を紹介してみましょう。

✔ セルフチェック

　□　'場所+에'を使うことができる。

　□　位置名詞を使って話すことができる。

　□　場所について質問と返答ができる。

いまや世界中で大人気の**K-pop**！

BTS、BLACKPINK、NewJeans、Stray Kidsなど、

韓国のアイドルたちは音楽だけでなく、ファッションやダンス、SNS文化にも大きな影響を与えています。

K-popが人気の理由は、「アイドルシステム」と「ファン文化」にあります。

✿ アイドルシステム

韓国では、歌手になる前に練習生としてダンスや歌、語学、礼儀などを数年間トレーニングします。デビューまでの道は長く、努力と情熱が必要です。

でもその努力が、ステージの完璧なパフォーマンスにつながります

✿ ファン文化

K-popファンは「팬덤（Fandom）」と呼ばれる、熱心でクリエイティブなコミュニティを作ります。ファンはSNSを通して応援したり、応援スローガンを作ったり、誕生日イベントを企画したりします。

ライブ会場では、ペンライト（응원봉）をふって会場全体が一つに！

好きなアイドルを応援することが**ファン同士の交流の場**にもなっています。

✿ SNSと世界への広がり

K-popはSNSの力で、国や言葉をこえて広がっています。

YouTubeやTikTok、Instagramでダンスチャレンジが世界中に広がり、今ではどの国でもK-popダンススクールを見ることができます。

音楽だけでなく、「共有して楽しむ文化」こそがK-popの魅力です。

ワンポイントメモ

K-popの魅力は。「努力」「情熱」「ファンとの一体感」。

それは音楽を超えて、世界の若者をつなぐ新しい文化になっています。

04 課

순두부찌개 하나하고 비빔밥 두 개 주세요

スンドゥブチゲ 1 つとビビンバ 2 つください

語彙と表現	• 고유숫자(固有数字), 개(個)/명(名)/병(本)/잔(杯)
文法	• -도(〜も)
会話	• 순두부찌개 하나하고 비빔밥 두 개 주세요.
リスニング	• 한국어 반에 학생이 몇 명 있어요? (韓国語クラスに学生は何人いますか)

固有数字　고유 숫자

固有数字を書いてみましょう。

1	하나		6	여섯	
2	둘		7	일곱	
3	셋		8	여덟	
4	넷		9	아홉	
5	다섯		10	열	

개　個

1	하나	한 개	6	여섯	여섯 개
2	둘	두 개	7	일곱	일곱 개
3	셋	세 개	8	여덟	여덟 개
4	넷	네 개	9	아홉	아홉 개
5	다섯	다섯 개	10	열	열 개

명　名

1	하나		6	여섯	
2	둘		7	일곱	일곱 명
3	셋		8	여덟	
4	넷		9	아홉	
5	다섯	다섯 명	10	열	

병　本　　잔　杯

몇 (개·명·병·잔) 있어요?

- 몇 개 있어요?　　두 개 있어요.
- 몇 명 있어요?　　네 명 있어요.
- 몇 병 있어요?　　한 병 있어요.
- 몇 잔 있어요?　　다섯 잔 있어요.

※「병」は、瓶やペットボトルに入っている
　飲み物を数えるときに使います。

練習 1 絵を見ながらペアの人と話してみましょう。

> **例** **A:** 사과가 몇 개 있어요?
> **B:** 세 개 있어요.
>
> 사과 

아이

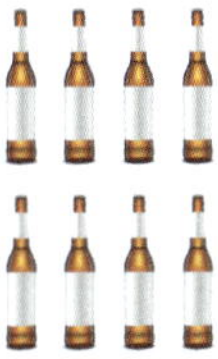

맥주

물

콜라

김밥

커피

학생

주스

사이다

남자

우산

컵

1 -도 : 〜も (助詞)

저는 일본 사람이에요. 그리고 켄지 씨**도** 일본 사람이에요.

練習 1　例にならって、助詞 '-도' を使って文章を作りましょう。

> 例　**A:** 한국 음식 뭐 좋아해요?
>
> 　　**B:** 삼겹살을 좋아해요. 그리고 비빔밥도 좋아해요.
> 　　　　(삼겹살 / 비빔밥)

1. **A:** 무슨 과일을 좋아해요?

   B: ______________________________________

   　　　　　　(딸기 / 망고)

   * 무슨 과일 (何の果物)

   * 딸기 (苺), 망고 (マンゴ)

2. **A:** 누가 학생이에요?

   B: ______________________________________

   　　　　　　(리사 / 켄지)

3. **A:** 형제가 있어요?

   B: 네, ___________________________________

   　　　　　(오빠 / 여동생)

   * 형제 (兄弟)

   * 여동생 (妹)

4. **A:** 어디에 가요?

   B: ______________________________________

   　　　　　　(은행 / 편의점)

練習 2　'-도' を使って質問に答えてみましょう。

> 例　**A:** 가방 안에 뭐가 있어요?
>
> 　　**B:** 핸드폰이 있어요. 그리고 열쇠도 있어요.

1. 책상에 뭐가 있어요?　　　　2. 교실에 누가 있어요?

3. 일본 음식 뭐 좋아해요?　　　4. 한국 가수 누구를 좋아해요?

순두부찌개 하나하고 비빔밥 두 개 주세요.

語彙と表現

□ 종업원 従業員
□ 주세요 ください
□ 여기요! すみません！
　(店員への呼びかけ)
□ 물수건 おしぼり
□ 알겠습니다 わかりました
□ 메뉴 メニュー
□ 여기 있어요 どうぞ
□ 콜라 コーラ
□ 음료수 飲み物
□ 소주 焼酎
□ 맥주 ビール

하준　여기요! 순두부찌개 하나하고 비빔밥 두 개 주세요.

종업원　네, 알겠습니다.

하준　물수건 있어요?

종업원　네, 여기 있어요.

＊　下のメニューを見ながら自由に注文してみましょう。

<table>
<tr><td>

메뉴

비빔밥
설렁탕
순두부찌개
낙지볶음
김치전 / 해물파전

</td><td>

음료

막걸리
소주
맥주
콜라
사이다

</td></tr>
</table>

ペアワーク

韓国で食べたい料理を注文してみましょう。

話してみよう 카페하고 술집 메뉴에 뭐가 있어요?

<table>
<tr><td>

카페

아메리카노
아이스 아메리카노
카페라떼
망고 스무디
초코 파르페

</td><td>

술집

생맥주 / 병맥주
소주
막걸리
콜라
사이다

</td></tr>
</table>

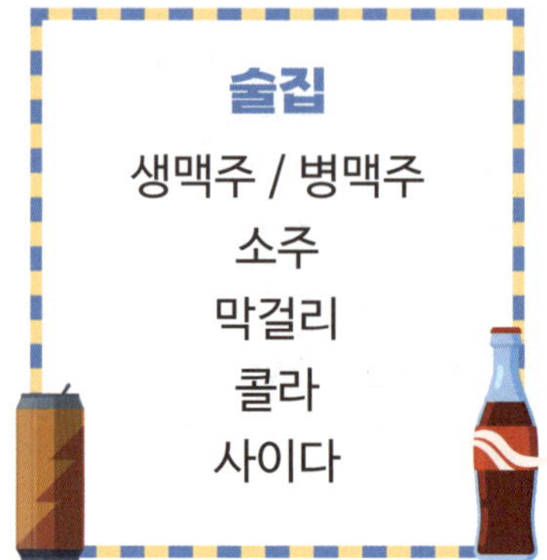

語彙と表現

☐ 술집 居酒屋 ☐ 컵 コップ ☐ 모두 全部
☐ 한국어 반 韓国語クラス ☐ 아메리카노 アメリカーノ ☐ 과일 가게 果物屋
☐ 사과 りんご ☐ 귤 みかん

聞いてみよう

가 次の質問に答えましょう。

술집

❶ 콜라 몇 병 주문했어요? (コーラを何本注文しましたか。)
 ① 1병　　② 2병　　③ 3병　　④ 4병

❷ 컵 몇 개 부탁했어요? (コップを何個頼みましたか。)
 ① 2개　　② 3개　　③ 4개　　④ 5개

학교

❸ 학생이 모두 몇 명 있어요? (学生は全部で何人いますか。)
 ① 14명　　② 15명　　③ 16명　　④ 17명

❹ 여자 학생은 몇 명 있어요? (女子学生は何人いますか。)
 ① 7명　　② 8명　　③ 9명　　④ 10명

카페

5 카페라떼 몇 잔 주문했어요? (カフェラテを何杯注文しましたか。)
　① 1잔　　　② 3잔　　　③ 4잔　　　④ 5잔

과일 가게

6 뭐 샀어요? (何を買いましたか。)
　① 사과 5개, 귤 11개　　　② 사과 6개, 귤 10개
　③ 사과 6개, 귤 8개　　　④ 사과 5개, 귤 10개

나　ペアでスクリプトを読んでみましょう。

다　スクリプトを参考にして、会話を作ってみましょう。

1 (食堂、カフェ、居酒屋などで)注文する

2 (化粧品などを)買い物する

✔ セルフチェック

☐ 物や人を数えることができる。

☐ 食堂で注文することができる。

韓国の食事マナーでは、年上の人への敬意と器の扱い方がとても大切です。
家族や友だちと食事をするときも、年上の人をたてる心を忘れません。
少しの気づかいで、韓国らしいあたたかい食卓になりますよ。

① 年長者への配慮

目上の人が先にスプーンと箸をとるまで、食べ始めてはいけません。

- 目上の人より**先に食べ終える**のも失礼です。
- 食事中は、静かに相手に合わせることが大切です。

② スプーンと箸の使い分け

- **スプーン:** ご飯や汁物（スープ、チゲ）を食べるときに使います。
- **箸:** おかずを食べるときに使います。
- スプーンと箸を片手で同時に持つのはNG！
  - → どちらかを使っている間、もう一方はテーブルに置きます。

③ 器の扱い

- 韓国では、箸やスプーンを縦に並べます。
- ご飯や汁物の器を手に持たずに食べます。
- 器はテーブルに置いたまま、スプーンや
  箸で口へ運びます。
- 日本のように器を持つと、「行儀が悪い」と
  思われることがあります。

ワンポイントメモ

韓国の食卓では、「一緒に食べること」を大切にします。
年上の人へ思いやりと、きれいな食べ方が「美しいマナー」の基本です。

05課

핸드폰 번호가 몇 번이에요?

携帯番号は何番ですか

学習内容

語彙と表現	• 한자숫자(漢数字)
文法	• -가/이 아니에요(〜ではありません)
会話	• 핸드폰 번호가 몇 번이에요?
リーディング	• 동아리(サークル)

漢数字　한자 숫자 0~10

0	1	2	3	4	5	6	7	8	9	10
공/영	일	이	삼	사	오	육	칠	팔	구	십

※ 電話番号の0は「공」と発音します。

練習 1 次の数字を韓国語で発音しましょう。

8　9　6　5　1　3　6　4

練習 2 次の電話番号を韓国語で発音しましょう。

例　080-5351-9763
공팔공에 오삼오일에 구칠육삼

1. 06-2845-7810　　　2. 090-3829-5314

3. 075-6291-8329　　　4. 03-4528-3712

練習 3 예요/이에요(です)를 使って書きましょう。

0です	1です	2です	3です	4です
공이에요				

5です	6です	7です	8です	9です
오예요				

練習 4 電話番号を韓国語で書きましょう。

제 핸드폰 번호는 ＿＿＿＿＿＿＿＿＿＿＿＿＿ 예요/이에요.

학교 전화번호는 ＿＿＿＿＿＿＿＿＿＿＿＿＿ 예요/이에요.

練習 5 例にならって、ペアの人と話してみましょう。

> **例**　유라: 010-6932-1982
> **A:** 유라 씨 전화번호(핸드폰 번호)가 몇 번이에요?
> **B:** 010-6932-1982예요.

1. 유카: 090-3246-1159
2. 리사: 03-2718-5166
3. 재영: 02-573-9961
4. 현우: 010-8697-2436

漢数字 한자 숫자 10~10,000

20	30	40	50	60	70	80	90	100	1,000	10,000
이십	삼십	사십	오십	육십	칠십	팔십	구십	백	천	만

練習 6 次の数字を韓国語で発音しましょう。

25　39　54　67　71　82　96

練習 7 次の表現を韓国語で発音しましょう。

3층　20층　107번 버스　205호　1143호실

練習 8 絵を見て質問文に答えてみましょう。

1. 교실이 몇 층이에요?

7층이에요.

2. 몇 번 버스예요?

163번 버스예요.

3. 교실이 어디예요?

324호실이에요.

4. 방이 몇 호실이에요?

1020호실이에요.

❶ −가/이 아니에요 : ～ではありません

名詞(パッチム無) −가 아니에요	名詞(パッチム有) −이 아니에요
A: 친구예요? B: 아니요, 친구가 아니에요.	A: 한국 사람이에요? B: 아니요. 한국 사람이 아니에요.

練習 1 次の文章の'가/이'のうち、適切な方を選びましょう。

1. 빵이에요? → 아니요, 빵(가/이) 아니에요.

2. 한국 식당이에요? → 아니요, 한국 식당(가/이) 아니에요.

3. 취미가 독서예요? → 아니요, 독서(가/이) 아니에요.

4. 언니예요? → 아니요, 언니(가/이) 아니에요.

練習 2 例にならって、ペアの人と話してみましょう。

例 학생 X   선생님 ○

A: 학생이에요?
B: 아니요, 학생이 아니에요. 선생님이에요.

1. 커피 X   카페라떼 ○

2. 일본 사람 X   한국 사람 ○

3. 남자친구 X   남사친 ○

4. 6691 X   6692 ○

06-537-6691   06-537-6692

※ 남사친: 「남자 사람 친구」の縮約形で男の友達を
言います。彼氏ではありません。

핸드폰 번호가 몇 번이에요?

語彙と表現

□ 핸드폰 携帯電話

□ 번호 番号

□ 몇 번 何番

□ 잠시만요 お待ちください

□ 맞아요? 合っていますか

□ 고마워요 有難うございます

□ -(이)요? ですね？

리사　하준 씨 핸드폰 번호가 몇 번이에요?

소미　080-2769-3082예요.

리사　잠시만요. 080-2769-3081, 맞아요?

소미　아니요, 3081이 아니에요. 3082예요.

소미　3082요? 고마워요.

* 次の電話番号を使って、例文のように会話してみましょう。

名前	正しい番号	間違った番号
하준	080-2769-3082	080-2769-308**1**
켄지	090-9572-4659	090-9572-465**0**
보미	010-6953-8365	010-6953-8**4**65
시온	010-5861-1964	010-5861-**2**964

ペアワーク

ペアの人に携帯番号を聞いてみましょう。

	〈이름〉	〈전화번호〉
ペア1		
ペア2		

 여러분은 어떤 동아리에 관심이 있어요?

語彙と表現		
□ 동아리 サークル	□ 모임 集まり、会	□ 누구든지 誰でも
□ 환영해요 歓迎します	□ 1학년 1年生	□ -만 ～だけ
□ 언제 いつ	□ 회화 会話	□ 방 部屋
□ A동 A棟	□ 3층 3階	□ 오후 午後
□ 무슨 何の	□ 다 皆、全部、すべて	□ 괜찮아요 大丈夫です

曜日

月曜日	火曜日	水曜日	木曜日	金曜日	土曜日	日曜日
월요일	화요일	수요일	목요일	금요일	토요일	일요일

 한국어 회화 동아리는 모임이 언제 있어요?

'한국어 회화 동아리' 모임

누구든지 환영해요 (1학년만이 아니에요. 2학년, 3학년, 4학년 다 괜찮아요)

- 언제: 수요일 오후
- 동아리 방: A 동 3층 308호실
- 전화: 090- 2643 - 8271

가 本文の内容と一致するのはどれですか。

① 한국어 쓰기 동아리예요.

② 동아리는 2학년, 3학년, 4학년만 괜찮아요.

③ 수요일 오후에 모임이 있어요.

④ 동아리 방은 삼 층에 있어요.

나 次の質問に答えましょう。

❶ 무슨 동아리예요?

❷ 동아리 모임이 언제 있어요?

❸ 동아리 방이 어디에 있어요?

❹ 전화번호가 몇 번이에요?

다 本文の内容をまとめた文です。下線部に適切な言葉を入れて、文章を完成させましょう。

> ㅅ＿＿＿＿＿＿＿ 오후에 한국어 회화 ㄷ＿＿＿＿＿＿＿ 모임이 있어요.
>
> 1학년만ㅇ＿＿＿ ㅇ＿＿＿＿＿＿＿. ㄴ＿＿＿＿＿＿＿ 환영해요.
>
> 동아리 방은 A동 3층 308ㅎ＿＿＿ 이에요.
>
> ㅈ＿＿＿＿＿＿ 는 090-2643-8271이에요.

라 ペアの人と一緒にサークルの案内文を作成し、다のように発表してみましょう。

〈동아리〉
댄스 / 독서 / 영화 / 오케스트라 / 테니스 / 등산 / 사진

> # ＿＿＿＿＿＿＿＿＿＿＿ 동아리 모임
>
> ＿＿＿＿＿＿＿＿＿＿＿＿＿＿＿＿＿＿＿＿＿
>
> - 언제: ＿＿＿＿＿＿＿＿＿＿
> - 동아리 방: ＿＿＿＿＿＿＿＿＿＿
> - 전화: ＿＿＿＿＿＿＿＿＿＿

✔ セルフチェック

☐ 電話番号を尋ねて答えることができる。

☐ 「-가/이 아니에요」を使って答えることができる。

☐ 漢数字を用いて「-階」「-号室」「バスの番号」を言うことができる。

06課

오늘 오후에 뭐 해요?

今日の午後は何をしますか

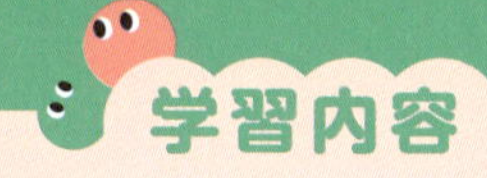

語彙と表現	・시간 (時間), 동사① (動詞①)
文法	・-아/어요① (〜です・〜ます), 時間 + 에 (〜に)
会話	・오늘 오후에 뭐 해요?
リスニング	・어디에서 쇼핑해요? (どこでショッピングしますか)

時間 시간

固有数字 + 시(時) / 漢数字 + 분(分)

1時	2時	3時	4時	5時	6時	7時	8時	9時	10時	11時	12時
한 시											

5分	10分	15分	20分	25分	30分	35分	40分	45分	50分	55分
오 분										

「〜時30分」'-시 30분'は「〜時半」'-시 반'とも言えます。

※오전「午前」/ 오후「午後」

練習 1 例にならって、ペアの人と話してみましょう。

例　PM 1:30

A: 몇 시예요?
B: 오후 한 시 삼십 분이에요. = 오후 한 시 반이에요.

1. PM 9:00　　　2. AM 12:00　　　3. PM 4:00　　　4. AM 7:00

5. AM 5:30　　　6. PM 3:45　　　7. AM 10:50　　　8. PM 8:15

練習 2 次の時間を韓国語で書きましょう。

1. 1時48分 _______________　　　2. 8時30分 _______________

3. 12時55分 _______________　　　4. 午前9時30分 _______________

5. 午後2時46分 _______________

練習 3 次の質問に答えましょう。

※ スマートフォンを使って調べてみましょう。

1. 지금 몇 시예요? _______________

2. 지금 멕시코는 몇 시예요? _______________

3. 지금 시드니는 몇 시예요? _______________

動詞① 동사 ①

공부하다

숙제하다

쇼핑하다

운동하다

아르바이트하다

이야기하다

전화하다

일하다

요리하다

아침 식사하다

점심 식사하다

저녁 식사하다

文法

❶ -아/어요① : ～です・～ます

하다 ⇒ 해요	공부하다 ⇒ 공부해요
A: 뭐 해요? B: 숙제해요.	A: 공부해요? B: 네, 공부해요.

練習 1 絵を見ながら動詞の基本形と–아/어요形を書いてみましょう。

		PM 12:30		
요리하다				
요리해요				

❷ -에 : (時間)に

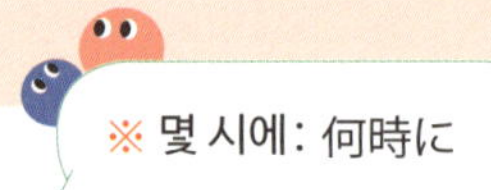

12시에 점심 식사해요. / 저녁에 숙제해요. / 오후에 일해요.

練習 2 例にならって、ペアの人と話してみましょう。

> 例 A: 몇 시에 공부해요?　　　B: 9시에 공부해요.

例 9:00　　1. 3:00　　2. 5:00　　3. 7:30

練習 **3** 次の質問に答えましょう。

1. 몇 시에 아침 식사해요?　⇒ _______________________________________

2. 몇 시에 점심 식사해요?　⇒ _______________________________________

3. 몇 시에 저녁 식사해요?　⇒ _______________________________________

4. 몇 시에 아르바이트해요?　⇒ _______________________________________

5. 몇 시에 공부해요?　⇒ _______________________________________

練習 **4** <練習3>で答えた内容を発表してみましょう。

저는 ________ 시에 아침 식사해요. 그리고 ________ 시에 점심 식사해요.

____

____

오늘 오후에 뭐 해요?

하준　리사 씨, 오늘 오후에 뭐 해요?

리사　아르바이트해요.

하준　몇 시부터 몇 시까지 아르바이트해요?

리사　5시부터 9시까지 아르바이트해요.

하준　어디에서 아르바이트해요?

리사　카페에서요.

＊　次の表現を使って、会話してみましょう。

すること	時間	場所
아르바이트하다	5시~9시	카페
운동하다	6시~7시	헬스장
공부하다	1시~2시 반	도서관
쇼핑하다	3시~4시	쇼핑몰

ペアワーク

会話の本文を参考にして、今日の自分の予定について話してみましょう。

話してみよう 여러분은 내일 몇 시까지 수업이 있어요? 수업 후에 뭐 해요?

語彙と表現

☐ 내일 明日   ☐ 수업 授業   ☐ 약속 約束

☐ 왜요? なぜですか   ☐ 봐요 見ます   ☐ 좋아요 良いです

☐ 시간 時間   ☐ 그럼 では   ☐ -에서 ～で

☐ 어때요? どうですか   ☐ 쇼핑몰 ショッピングモール

聞いてみよう 내일 두 사람은 뭐 해요?

가   本文の内容と一致するのはどれですか。

① 리사 씨는 내일 12시 반까지 수업이 있어요.

② 리사 씨는 4시부터 시간이 있어요.

③ 두 사람은 내일 같이 점심 식사해요.

④ 두 사람은 내일 마린 쇼핑몰에서 약속이 있어요.

나 次の質問に答えてみましょう。

❶ 리사 씨는 몇 시까지 수업이 있어요?

❷ 소미 씨하고 리사 씨는 내일 뭐 해요?

❸ 소미 씨하고 리사 씨는 내일 어디에서 봐요?

❹ 소미 씨하고 리사 씨는 몇 시에 약속이 있어요?

다 ペアでスクリプトを読んでみましょう。

라 スクリプトを参考にして、約束を決める会話を作ってみましょう。

언제: ____

어디: ____

뭐: ____

✔ セルフチェック

☐ 時間を尋ねて答えることができる。

☐ 一日のスケジュールを話すことができる。

07 課

이번 주말에 뭐 해요?

今週末、何をしますか

語彙と表現	• 동사②(動詞②)
文法	• -아/어요②(〜です・〜ます), -를/을(〜を), -에서(〜で)
会話	• 이번 주말에 뭐 해요?
リーディング	• 하루 일과(日課)

動詞② 동사 ②

가다	오다	일어나다

자다	먹다	만나다

살다	읽다	보다

마시다	사다	듣다

❶ -아/어요② : ～です・～ます

(1) 하다(する) ⇒ 해요(します)

　　1. 공부하다 ⇒ 　　　　　　2. 요리하다 ⇒ 　　　　　　3. 식사하다 ⇒

(2) 아/어요

ㅏ,ㅗ母音語幹(陽母音語幹)	ㅏ,ㅗ以外の母音語幹(陰母音語幹)
-아요	-어요
놀다(遊ぶ) ⇒ 놀아요	만들다(作る) ⇒ 만들어요

살다(住む)	
앉다(座る)	
먹다(食べる)	
읽다(読む)	

가다(行く)	가 + 아요 ⇒ 가요 (行きます)
일어나다(起きる)	
사다(買う)	
자다(寝る)	
서다(立つ)	
켜다(点ける)	

오다(来る)	오 + 아요 ⇒ 와요(来ます)
보다(見る)	
배우다(習う)	
주다(あげる・くれる)	

| 쉬다(休む) | |

기다리다(待つ)	기다리 + 어요 ⇒ 기다려요(待ちます)
마시다(飲む)	
가르치다(教える)	

※ ㄷ変則

	動詞の語幹がㄷパッチムの場合、아/어や으が続くとㄷパッチムがㄹに変わる。
ㄷ → 아/어, 으 → ㄹ	

듣다(聞く)	듣 + 어요 ⇒ 들어요 (聞きます)
걷다(歩く)	
묻다(尋ねる/訊く)	

• 疑問文は、「？」を必ず付けて、イントネーションを上げます。 가요?

TIP

(같이) -아/어요 「(一緒に)〜しましょう」: (勧誘)

例 같이 가요. (一緒に行きましょう。)

　같이 공부해요. (一緒に勉強しましょう。)

-아/어요 「〜なさい」: 命令の意味としても使う。

例 커피 마셔요. (コーヒー飲んでください。)

　여기에 앉아요. (ここに座ってください。)

練習 1 次の絵に合う動詞を探して、−아/어요形で言ってみましょう。

기다리다	공부하다	듣다	놀다	읽다
만나다	아르바이트하다		오다	마시다
먹다	배우다	쉬다	보다	가다	주다

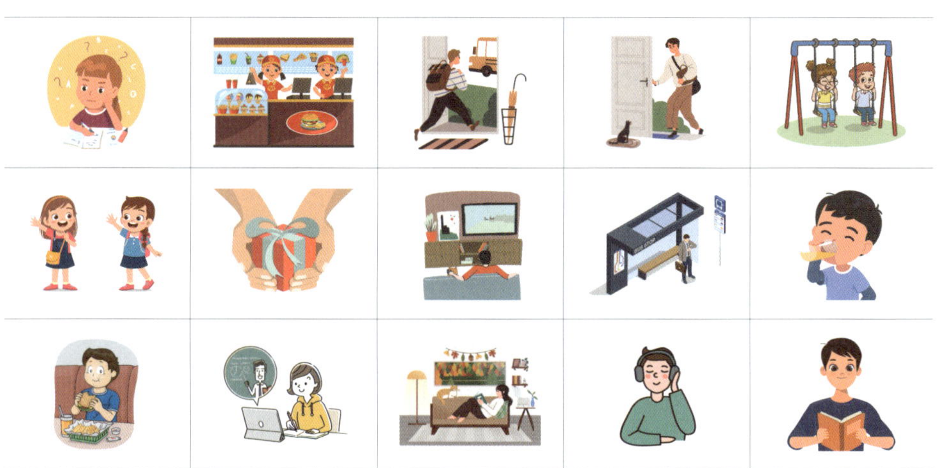

練習 2 '아/어요'を使って、下線部を完成させましょう。

1. 빵을 ＿＿＿＿＿＿＿＿＿＿＿.　　パンを食べます。
　　　　(먹다)

2. 주스를 ＿＿＿＿＿＿＿＿＿.　　ジュースを飲みます。
　　　　(마시다)

3. 친구를 ＿＿＿＿＿＿＿＿＿.　　友だちを待ちます。
　　　　(기다리다)

4. 책을 ＿＿＿＿＿＿＿＿＿.　　本を読みます。
　　　　(읽다)

5. 영화를 ＿＿＿＿＿＿＿＿.　　映画を観ます。
　　　　(보다)

6. 노래를 ＿＿＿＿＿＿＿＿.　　歌を聴きます。
　　　　(듣다)

 ペアの人と話してみましょう。

1. 보통 아침에 뭐(무엇을) 먹어요?　　　　　　　＊보통 (普段)

2. 오늘 뭐(무엇을) 해요?

3. 요즘 뭐(무엇을) 봐요?　　　　　　　＊요즘 (最近、この頃)

練習 4　韓国語に訳した後、ペアの人と話してみましょう。

1. 今日何をしますか。

2. いつ韓国語を勉強しますか。

3. 普段朝(に)何を飲みますか。

4. 最近(この頃)何の歌を聴きますか。　　　　　　　＊무슨 (何の)

② -를/을 : ～を

名詞(パッチム無) -를	名詞(パッチム有) -을
사과를 먹어요.	비빔밥을 먹어요.

練習 5　助詞 '-를/을' を入れましょう。

1. 우유＿＿ 마셔요.　　　　　2. 옷＿＿ 사요.

3. 한국 드라마＿＿ 봐요.　　　　　4. 친구＿＿ 만나요.

5. 케이팝＿＿ 좋아해요.　　　　　6. 지하철＿＿ 타요.　　　　＊타다 (乗る)

③ -에서 : (場所)で

학교+ 에서 → 학교에서　　집+에서 → 집에서　　　　* 3課の場所を参考

練習 6 例にならって、助詞'-에서'を使って文章を作りましょう。

> **例** 식당, 점심을 먹다　　　　→ 식당에서 점심을 먹어요.

1. 학교, 한국어 수업을 듣다　　　→ ________________________
2. 카페, 친구를 만나다　　　　　→ ________________________
3. 편의점, 물을 사다　　　　　　→ ________________________
4. 도서관, 공부하다　　　　　　→ ________________________

練習 7 次の質問に答えましょう。

1. 어디에서 아르바이트해요?
2. 어디에서 영화를 봐요?
3. 보통 어디에서 공부해요?
4. 보통 어디에서 친구를 만나요?
5. 요즘 어디에서 쇼핑해요?

이번 주말에 뭐 해요?

켄지　이번 주말에 뭐 해요?

소미　친구를 만나요.

켄지　어디에서 만나요?

소미　백화점 앞에서 만나요.

켄지　친구하고 뭐 해요?

소미　영화를 봐요.

❋　次の表現を使って、会話してみましょう。

待ち合わせ場所	すること
백화점 앞	영화를 보다
도서관	한국어를 공부하다
오사카역 앞	놀이공원에 가다
시내	점심을 먹다

ペアワーク

今週末の予定についてペアの人と話してみましょう。

話してみよう 여러분은 보통 몇 시에 일어나요? 아침에 보통 뭐 먹어요?

語彙と表現

- □ 샐러드 サラダ
- □ 가끔 たまに、時々
- □ 케이팝 K-pop
- □ 그 다음에 その後
- □ 그리고 そして
- □ 커피 コーヒー
- □ 가수 歌手
- □ 우유 牛乳
- □ 좋아하는 好きな
- □ 수업을 듣다 授業を受ける

읽어 보자 / 読んでみよう 켄지 씨는 저녁 식사 후에 뭐 해요?

저는 보통 7시에 일어나요. 7시 반에 아침 식사를 해요. 보통 빵하고 샐러드를 먹어요. 그리고 우유를 마셔요. 가끔 커피도 마셔요. 아침에 좋아하는 케이팝 가수 노래를 들어요. 그리고 학교에 가요. 학교에서 수업을 들어요. 점심은 보통 친구하고 식당에서 먹어요. 가끔 도서관에서 책을 읽어요. 그리고 오후 4시부터 7시까지 아르바이트를 해요. 8시에 집에서 저녁을 먹어요. 그리고 숙제를 해요. 그 다음에 드라마를 봐요. 보통 12시에 자요.

가 本文の内容と一致するのはどれですか。

① 켄지 씨는 보통 아침에 커피를 마셔요.

② 켄지 씨는 보통 점심을 혼자서 먹어요.

③ 켄지 씨는 8시에 저녁을 먹어요. 그 다음에 숙제를 해요.

④ 켄지 씨는 좋아하는 케이팝 가수가 있어요.

* 혼자서 (ひとりで)

나 次の質問に答えましょう。

❶ 켄지 씨는 보통 몇 시에 일어나요?

❷ 켄지 씨는 아침에 보통 무엇을 먹어요?

❸ 켄지 씨는 아침에 무슨 노래를 들어요?

❹ 켄지 씨는 어디에서 책을 읽어요?

❺ 켄지 씨는 집에서 숙제를 해요. 그리고 뭐 해요?

* 무슨 (何の)

다 自分の日課についてペアの人と話してみましょう。

라 **다** で話した内容を書いてみましょう。

✔ セルフチェック

☐ 動詞の基本形から-아/어요(〜です・ます形)に変えることができる。

☐ 日課を話すことができる。

08 課

숙제했지요?

宿題しましたよね？

学習内容

語彙と表現	• 시간 관련 어휘(時間関連語彙)
文法	• –았/었어요(過去形), 안(否定形) • –지요?(〜でしょう？・〜ですよね？)
会話	• 숙제했지요?
リーディング	• SNS에 일기 쓰기(SNSに日記を書く)

時間関連語彙 시간 관련 어휘

그저께	어제	오늘	내일	모레
지지난주	지난주	이번 주	다음 주	다다음 주
지지난달	지난달	이번 달	다음 달	다다음 달
재작년	작년 [장년]	올해	내년	내후년

練習 1 カレンダーを作成して、韓国語で書いてみましょう。

一昨日、昨日、今日、明日、明後日は、日にちを書き入れた後に韓国語で書いてみましょう。

_______年	_______年	_______年	_______年	_______年
一昨年(　　)	去年(　　)	今年(　　)	来年(　　)	再来年(　　)

_______月	_______月	_______月	_______月	_______月
先々月(　　)	先月(　　)	今月(　　)	来年(　　)	再来月(　　)

	월	화	수	목	금	토	일
先々週 (　　)							
先週 (　　)							
今週 (　　)							
来週 (　　)							
再来週 (　　)							

① -았/었어요 : 過去形

動詞

ㅏ, ㅗ母音語幹 (陽母音語幹)	ㅏ, ㅗ以外の母音語幹 (陰母音語幹)	하다
-았어요	-었어요	했어요
가다	먹다	공부하다
가 + 았어요	먹 + 었어요	
갔어요	먹었어요	공부했어요

> **TIP**
>
> ※ 요を取って、ㅆ어요を付ける！
>
> 가요 ⇒ 갔어요　　먹어요 ⇒ 먹었어요　　공부해요 ⇒ 공부했어요

名詞

名詞(パッチム無)	名詞(パッチム有)
-였어요 가수였어요	-이었어요 회사원이었어요

> **TIP**
>
> ※ㅣ요を取って、ㅆ어요を付ける！
>
> -예요 ⇒ -였어요　　-이에요 ⇒ -이었어요　　-이/가 아니에요 ⇒ -이/가 아니었어요

 **練習 1** 次を過去形にしましょう。

1. 만나다 ⇒ ___________ 2. 읽다　 ⇒ ___________

3. 마시다 ⇒ ___________ 4. 배우다 ⇒ ___________

5. 보다　 ⇒ ___________ 6. 듣다　 ⇒ ___________

7. 일하다 ⇒ ___________ 8. 학생이다 ⇒ ___________

 過去形に直して文章を完成させましょう。

1. 어제 한국 식당에 _______________ (가다)

2. 오늘 아침 여섯 시에 _______________ (일어나다)

3. 지난주 수요일에 수업을 _______________ (듣다)

4. 지난 주말에 영화를 _______________ (보다)

5. 리사 씨하고 소미 씨는 1년 전에 _______________ (친구가 아니다)

 例にならって、ペアの人と話してみましょう。

> 例 A: 어제 뭐 했어요?
> B: 친구를 만났어요.

1. 어제 몇 시에 잤어요?

2. 오늘 아침 몇 시에 일어났어요?

3. 오늘 아침에 뭐 마셨어요?

4. 지난주에 누구를 만났어요?

5. 어제 무슨 요일이었어요?

② 안 : 否定形

안 먹어요	안 좋아해요.	공부 안 해요

※ 명사(名詞)하다の場合は名詞と하다の間に안を入れる。　例 안 공부해요(X)

練習 4　質問文に答えましょう。

> 例　매일 아르바이트해요? ⇒ 아니요, 매일 아르바이트 안 해요

1. 피망을 좋아해요?　　　　　　　　⇒ 아니요, ________________

2. 아침에 커피를 마셔요?　　　　　　⇒ 아니요, ________________

3. 내일 한국어 수업을 들어요?　　　　⇒ 아니요, ________________

4. 운동해요?　　　　　　　　　　　⇒ 아니요, ________________

5. 어제 숙제했어요?　　　　　　　　⇒ 아니요, ________________

練習 5　例にならって、ペアの人と話してみましょう。

1. 嫌いな食べ物とその理由

> 例　저는 오이를 안 좋아해요. 왜냐하면 맛없어요.

2. 週末にしないこととその理由

> 例　저는 주말에 아르바이트를 안 해요. 왜냐하면 숙제가 많이 있어요.

❸ -지요? : 〜でしょう？・〜ですよね？

動詞/形容詞の語幹 -지요?	名詞 -(이)지요?	過去形 -았/었지요?
A: 오늘 아르바이트하지요?	A: 고향이 오사카지요?	A: 아침 먹었지요?
B: 네, 맞아요. 아르바이트해요.	B: 아니요. 홋카이도예요.	B: 네, 먹었어요.

練習 6 '-지요?'を付けて書いてみましょう。

친구		생일	
운동하다		좋아하다	
듣다		놀다	
숙제했다		봤다	

練習 7 '-지요?'を使って文を完成した後、ペアの人に尋ねてみましょう。

> **例** 내일 약속이 있다
>
> A: 내일 약속이 있지요?
>
> B: 네, 있어요. / 아니요, 없어요.

1. 커피 마시다

   A: _________________ ?

   B: 네, _________________

2. 일본 사람이다

   A: _________________ ?

   B: 네, _________________

3. 우유를 좋아하다

   A: _________________ ?

   B: 아니요, _________________

4. 어제 한국어 공부했다

   A: _________________ ?

   B: 아니요, _________________

숙제했지요?

語彙と表現

- □ 바쁘다 忙しい
- □ 피곤하다 疲れる
- □ 늦게까지 遅くまで
- □ 복습하다 復習する
- □ 예습하다 予習する
- □ 이사하다 引っ越しする
- □ 콘서트 コンサート

선생님	켄지 씨, **숙제했지요**?
켄지	아니요, 안 했어요.
선생님	왜 안 했어요?
켄지	**바빴어요**.
선생님	왜 **바빴어요**?
켄지	**아르바이트가 있었어요**.

＊ 次の表現を使って、会話してみましょう。

行動	行動しなかった理由	理由
숙제하다	바쁘다	아르바이트가 있다
복습하다	바쁘다	이사하다
시험 공부하다	피곤하다	늦게까지 친구들하고 놀다
예습하다	피곤하다	콘서트에 가다

※으脱落は＜付録＞の変則のまとめを参考

ペアワーク

ペアの人に次の二つを訊いてみましょう。

1. '-지요?'を使って、昨日韓国語の勉強をしたかを確認してみましょう。
2. '-지요?'を使って、今朝ニュースを見たかを確認してみましょう。

話してみよう 여러분은 어떤 SNS를 사용해요?

語彙と表現

- □ 말하기 話すこと・会話
- □ 쓰기 書くこと・作文
- □ 듣기 聴くこと・聴解
- □ 일찍 早く
- □ 조금만 少しだけ
- □ 대답하다 答える
- □ 1교시 1限、一時間目
- □ 주제 主題、テーマ
- □ 취미 생활 趣味生活
- □ 쓰다 書く
- □ 부족하다 足りない
- □ 어떻게 해요? どうやってしますか？
- □ 하나도 一つも
- □ 일기 日記
- □ 노래 가사 歌の歌詞
- □ 따라 쓰다 真似て書く
- □ 그럼요 もちろんです

読んでみよう 리사 씨는 오늘 무슨 시험을 봤어요?

오늘 한국어 시험을 봤어요. 말하기 시험하고 쓰기 시험이 있었어요. 저는 시험 공부를 안 했어요. 그래서 오늘 아침에 일찍 일어났어요. 아침에 2시간 동안 공부했어요. 그리고 학교에 갔어요. 1교시는 말하기 시험이었어요. 선생님이 한국어로 질문을 했어요. 그리고 저는 조금만 대답했어요. ㅠㅠ 2교시는 쓰기 시험이었어요. 쓰기 주제는 '나의 취미 생활'이었어요. 저는 조금 썼어요. 왜냐하면 시간이 부족했어요. ㅠㅠ 쓰기 연습 어떻게 해요?

👍 Like   💬 Comment   ➤ Share

타로
저는 쓰기 시험 하나도 안 썼어요. ㅠㅠ 정말 쓰기 연습 어떻게 하지요?

류세이
저는 일기 쓰기로 연습해요. ♥

모에
저는 노래 가사를 따라 써요. ♥

하루나
리사 씨, 아침은 먹었지요?

    ↳ **리사**
그럼요. ^^ 👍

세이카
말하기 시험 질문이 뭐였어요?

가 　本文の内容と一致するのはどれですか。

① 리사 씨는 오늘 늦게 일어났어요.

② 오늘 말하기 시험하고 듣기 시험이 있었어요.

③ 말하기 시험은 2교시였어요.

④ 타로 씨는 쓰기 시험을 안 썼어요.

나 　次の質問に答えましょう。

❶ 리사 씨는 언제 시험 공부를 했어요?

❷ 리사 씨는 시험 공부를 몇 시간 했어요?

❸ 쓰기 주제가 뭐였어요?

❹ 리사 씨는 쓰기를 왜 조금 썼어요?

❺ 리사 씨는 아침을 먹었어요?

다 　次を書いてみましょう。

❶ 日記を書く。

❷ 友だちの日記にコメントをつける。

韓国を旅行するとき、とても便利なのが交通カードです。

一枚あれば、**地下鉄・バス・一部のタクシー**まで全国で使えます！

代表的なのは、**T-money(티머니)** と **Ezl**（イジュル、旧**Cashbee**）

どちらもコンビニ（CU・GS25など）で購入・チャージできます。

このカードをタッチするだけで、料金が自動で計算されるので、切符を買う手間がかかりません。

❈ 乗り換え割引制度（환승 할인 제도）

韓国の交通カードがすごいのは、この制度！

降車後30分以内に別のバスや地下鉄に乗り継ぐと、最大4回まで追加料金なし！

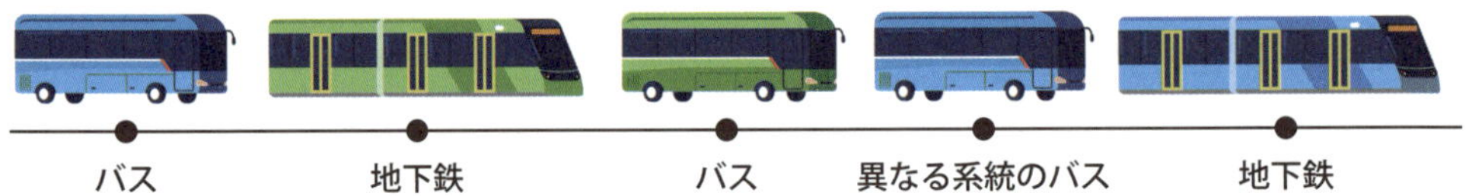

ただし、地下鉄同士の乗り継ぎは割引対象外です。

また、バスを降りる時もカードをタッチしないと、乗り継ぎ割引が適用されませんので、お忘れなく！

❈ 交通エチケット（대중교통 에티켓）

韓国の地下鉄やバスには、特別な座席があります。これらの席はできるだけ空けておくのがマナーです。

- **敬老優待席**（경로 우대석）：高齢者・障害者のための席
- **妊婦配慮席**（임산부 배려석）：ピンク色のシートで、妊婦さんのため

✴ ワンポイントメモ ✴

特にピンク席は「空席にしておく文化」があります。たとえ空いていても、座らないのが思いやりです。

09課

USJ에 놀러 가요

USJに遊びに行きます

語彙と表現	• 교통수단(交通手段)
文法	• -(으)로 가다/오다/다니다(〜で行く/来る/通う) • -(으)러 가다/오다(〜しに行く/来る), -고 싶다(〜したい)
会話	• USJ에 놀러 가요.
リスニング	• 에버랜드에 어떻게 가요? (エバーランドにどうやって行きますか？)

交通手段 교통수단

지하철

버스

비행기

자전거

전철

자동차

배

신칸센 / KTX

택시

文法

① -(으)로 가다 / 오다 / 다니다 : (乗り物)で行く / 来る / 通う

名詞(パッチム無)	名詞(パッチム有)	ㄹパッチムで終わる名詞
-로 가다/오다/다니다	-으로 가다/오다/다니다	-로 가다/오다/다니다
자동차로 가요.	신칸센으로 와요.	지하철로 다녀요.

※「歩いていきます」は'걸어서 가요.'

練習 1 例にならって、'-(으)로 가요/와요/다녀요'の形に変えましょう。

> **例** 자동차로 가요/와요/다녀요

1. 버스 / 가다 　　　　⇒ ______________________________

2. 전철 / 다니다 　　　⇒ ______________________________

3. KTX(케이티엑스) / 가다 　⇒ ______________________________

4. 비행기 / 오다 　　　⇒ ______________________________

練習 2 例にならって、ペアの人と話してみましょう。

> **例** A: (場所)에 어떻게 가요/와요?
> 　　 B: (乗り物)(으)로 가요/와요.

1. 학교

2. 공항　　　　　　　　　　　　　　　　　　　* 공항 (空港)

3. 오키나와

4. 편의점

❷ -(으)러 가다/오다 : ～しに行く/来る

動詞(パッチム無)	動詞(パッチム有)	動詞の語幹がㄹパッチム
-러 가요/와요	-으러 가요/와요	-러 가요/와요
만나다 ⇒ 만나러 가요	먹다 ⇒ 먹으러 가요	놀다 ⇒ 놀러 가요

ㄷ変則	듣다	듣 + 으러 가요 ⇒ 들으러 가요	*ㄷ変則は＜付録＞を参考

練習 3 '-(으)러 가요/와요'の形にしましょう。

1. 사다　　⇒ ＿＿＿＿＿＿＿＿　　2. 빌리다　⇒ ＿＿＿＿＿＿＿＿

3. 쇼핑하다 ⇒ ＿＿＿＿＿＿＿＿　　4. 보내다　⇒ ＿＿＿＿＿＿＿＿

5. 찾다　　⇒ ＿＿＿＿＿＿＿＿　　6. *만들다　⇒ ＿＿＿＿＿＿＿＿

練習 4 例にならって、文章に相応しい動詞を選んで完成させましょう。

> 먹다　　산책하다　　보내다　　찾다　　배우다

> 例 식당에 점심을 <u>먹으러</u> 가요.

1. 은행에 돈을 ＿＿＿＿＿＿＿＿＿＿ 가요.

2. 공원에 ＿＿＿＿＿＿＿＿ 가요.

3. 우체국에 편지를 ＿＿＿＿＿＿＿＿ 가요.

4. 학교에 한국어를 ＿＿＿＿＿＿＿＿ 와요.

練習 5 例にならって、ペアの人と話してみましょう。

> 例 A: 왜 한국에 가요?　　　　B: <u>친구를 만나러 가요.</u>

1. 왜 카페에 가요?　　　　　2. 왜 도서관에 가요?

3. 왜 서울에 가요?　　　　　4. 왜 학교에 왔어요?

❸ -고 싶다 : ～したい

가다 → 가고 싶어요

먹다 → 먹고 싶어요

練習 **6** 例にならって'-고 싶어요'の形にしましょう。

> 例 방학 때 여행 가다 ⇒ 방학 때 여행 가고 싶어요.

1. 영화를 보다 ⇒

2. 내년에 유학을 가다 ⇒   *유학 (留学)

3. 주말에 친구하고 놀다 ⇒

4. 좀 걷다 ⇒

5. 한국 친구를 사귀다 ⇒   *사귀다 (付き合う)

練習 **7** 例にならって'-고 싶어요'を使ってペアの人と話してみましょう。

> 例 A: 오늘 수업 후에 뭐 하고 싶어요?
> B: 쇼핑하고 싶어요.

1. 주말에 뭐 하고 싶어요?

2. 어디에 여행을 가고 싶어요?

3. 오늘 저녁에 뭐 먹고 싶어요?

4. 누구 콘서트에 가고 싶어요?

5. 생일 선물 뭐 받고 싶어요?

USJ에 놀러 가요.

하준　리사 씨, 주말에 뭐 해요?

리사　USJ에 놀러 가요.

하준　그래요? 저도 USJ에 가고 싶어요. 어떻게 가요?

리사　오사카역에서 JR로 가요.

하준　오사카역에서 USJ까지 얼마나 걸려요?

리사　15분쯤 걸려요.

* 次の表現を使って、会話してみましょう。

行先	出発駅	乗り物	所要時間
USJ	大阪駅(오사카역)	JR(제이알)	15분
清水寺(기요미즈테라)	京都駅(교토역)	버스	30분
ディズニーシー(디즈니씨)	東京駅(도쿄역)	京葉線(게이요선)	40분
海遊館(가이유칸)	難波(난바)	버스	50분

ペアワーク

ペアの人と、行きたい場所について、本文の会話のように話してみましょう。

話してみよう 어디에 가고 싶어요? 거기서 뭐 하고 싶어요?

語彙と表現

- [ ] 방학 学校の長期休み
- [ ] 유원지 遊園地
- [ ] 특히 特に
- [ ] 또 また
- [ ] 실은 実は
- [ ] 좋겠어요 いいですね

- [ ] 아직 まだ
- [ ] 가 보다 行ってみる
- [ ] 무섭다 怖い
- [ ] 제트코스터 ジェットコースター
- [ ] 가야겠어요 行かないといけませんね

- [ ] 정하다 決める
- [ ] 재미있다 面白い
- [ ] 하지만 しかし、でも
- [ ] 셔틀버스 シャトルバス

聞いてみよう 에버랜드에 어떻게 가요?

가 本文の内容と一致するのはどれですか。

① 하준 씨는 지난주에 에버랜드에 갔어요.

② 에버랜드가 서울역에 있어요.

③ 리사 씨는 남자친구하고 에버랜드에 가요.

④ 서울역에서 에버랜드까지 버스로 1시간 30분쯤 걸려요.

나 次の質問に答えましょう。

　❶ 하준 씨는 언제 에버랜드에 갔어요?

　❷ 리사 씨는 한국에서 어디에 가 보고 싶어요?

　❸ 서울역에서 에버랜드까지 지하철로 얼마나 걸려요?

　❹ 리사 씨는 에버랜드에 어떻게 가요?

다 ペアでスクリプトを読んでみましょう。

라 行ってみたい観光地について、ペアの人と話してみましょう。

✔ セルフチェック

☐ 「-(으)로 가다」と「-(으)러 가다」の区別ができる。

☐ 「-고 싶다」を使って話すことができる。

| 1 | 0 | 課 |

우리 같이 영화 볼까요?

一緒に映画を見ましょうか

学習内容

語彙と表現	・날짜(日にち)
文法	・-을까요?(〜しましょうか), (으)ㅂ시다(〜しましょう)
会話	・우리 같이 영화 볼까요?
リスニング	・오후 다섯 시에 식당 앞에서 만납시다. (午後5時にお店の前で会いましょう。)

日にち 날짜

1月 일월	2月 이월	3月 삼월
4月 사월	5月 오월	6月 유월
7月 칠월	8月 팔월	9月 구월
10月 시월	11月 십일월	12月 십이월

1 일일	2 이일	3 삼일	4 사일	5 오일	6 육일	7 칠일
8 팔일	9 구일	10 십일	11 십일일	12 십이일	13 십삼일	14 십사일
15 십오일	16 십육일	17 십칠일	18 십팔일	19 십구일	20 이십일	21 이십일일
22 이십이일	23 이십삼일	24 이십사일	25 이십오일	26 이십육일	27 이십칠일	28 이십팔일
29 이십구일	30 삼십일	31 삼십일일				

※16일: 십육일 [심뉴길], 26일: 이십육일 [이심뉴길]

練習 1 友だちと会話してみましょう。

1. 오늘이 며칠이에요?

2. 지난주 목요일이 며칠이에요?

3. 이번 주 일요일이 며칠이에요?

4. 다음 주 화요일이 며칠이에요?

5. 생일이 며칠이에요?

* 생일 (誕生日)

① -(으)ㄹ까요? : ～しましょうか

動詞(パッチム無)	動詞(パッチム有)	動詞の語幹がㄹパッチム
-ㄹ까요?	-을까요?	-ㄹ까요?
갈까요?	먹을까요?	만들까요?

練習 1 '-(으)ㄹ까요?'の形にしましょう。

읽다		앉다	
배우다		*듣다	
식사하다		*놀다	

練習 2 (　　)の動詞を'-(으)ㄹ까요?'の形にして会話文を完成させましょう。

1. A: 내일 같이 ＿＿＿＿＿＿＿＿＿＿? 　　B: 네, 좋아요.
   (쇼핑하다)

2. A: 내일 같이 영화 ＿＿＿＿＿＿＿＿＿? 　　B: 네, 좋아요.
   (보다)

3. A: 우리 같이 커피 ＿＿＿＿＿＿＿＿＿? 　　B: 네, 좋아요.
   (마시다)

4. A: 일요일에 같이 ＿＿＿＿＿＿＿＿＿? 　　B: 네, 좋아요.
   (놀러 가다)

5. A: K-pop을 ＿＿＿＿＿＿＿＿? 　　B: 네, 좋아요.
   (듣다)

 空欄に適切な表現を入れ、例文のように文を作りましょう。

> 例　A: 피곤해요. 좀 쉴까요?
> 　　B: 네, 쉬어요.

1. A:이번 주 일요일에 영화를 보고 싶어요. _______________________?

   B: _______________________

2. A:오늘 수업 후에 한국 음식을 먹고 싶어요. _______________________?

   B: _______________________

3. A:방학 때 한국에 여행 가고 싶어요. _______________________?

   B: _______________________

4. A:걷고 싶어요. _______________________?

   B: _______________________

❷ -(으)ㅂ시다 : ～しましょう

動詞(パッチム無)	動詞(パッチム有)	動詞の語幹がㄹパッチム
-ㅂ시다	-읍시다	-ㅂ시다
갑시다	먹읍시다	만듭시다

※目上の人に対しては'-(으)ㅂ시다'より'-아/어요'形を使う方がいいです。

練習 4 '-(으)ㅂ시다'の形にしましょう。

만나다		한잔하다	
보다		*걷다	
먹다		*듣다	
앉다		*놀다	

練習 5 (　　)の動詞を'-(으)ㅂ시다'の形にして、会話文を完成させましょう。

1. A: 수업 후에 _______________ (차 한잔하다)　　　　B: 네, 그래요.

2. A: 이번 주 일요일에 영화 _______________ (보다)　　　　B: 네, 좋아요.

3. A: 오늘 저녁에 삼겹살을 _______________ (먹다)　　　　B: 네, 그래요.

4. A: 주말에 시내에서 _______________ (놀다)　　　　B: 네, 좋아요.

5. A: 좀 _______________ (걷다)　　　　B: 네, 좋아요.

練習 6 例にならって、ペアの人と話してみましょう。

> **例** A: 오늘 같이 저녁 먹을까요?　　　　A: 오늘 같이 저녁 먹을까요?
> B: 네, 좋아요. 같이 먹읍시다.　　　　B': 미안해요. 다른 약속이 있어요.
> 　(같이 먹어요.)

1. A: 이번 방학 때 같이 한국에 여행 갈까요?

   B: 네, 좋아요. _______________ / B': 미안해요. _______________

2. A: 오늘 같이 점심을 먹을까요?

   B: 네, 좋아요. _______________ / B': 미안해요. _______________

3. A: 이번 주말에 같이 영화를 볼까요?

   B: 네, 좋아요. _______________ / B': 미안해요. _______________

4. A: 우리집에서 한국 음식을 만들까요?

   B: 네, 좋아요. _______________ / B': 미안해요. _______________

우리 같이 영화 볼까요?

語彙と表現

☐ 매표소 チケット売り場
☐ 입구 入口
☐ 출구 出口

켄지	우리 같이 영화 볼까요?
소미	네, 그래요. 같이 영화 봐요.
켄지	언제 만날까요?
소미	일요일 12시 어때요?
켄지	네, 좋아요. 어디에서 만날까요?
소미	미라이백화점 앞에서 만납시다.

✻ 次の表現を使って、会話してみましょう。

뭐	언제	어디
영화 보다	일요일 12시	미라이백화점 앞
USJ에 가다	다음 주 일요일 오전 10시	매표소 앞
숙제하다	내일 수업 후	학교 도서관 입구
한국 음식을 먹다	이번 주 토요일 11시 반	우메다역 5번 출구

ペアワーク

友だちと遊びに行く約束をしてみましょう。

話してみよう 여러분은 오늘 수업 후에 약속이 있어요? 무슨 약속이 있어요?

語彙と表現	한식 韓国料理	맛집 美味しい店	그냥 ただ
	거기로 そこへ	예약하다 予約する	-에 있는 ～にある＋名詞
	별로였어요 いまいちでした	알겠어요 分かりました	예약할게요 予約します

聞いてみよう 두 사람은 왜 만나요?

가 本文の内容と一致するのはどれですか。

① 10월 19일이 여자 생일이에요.

② 여자는 한식이 먹고 싶어요.

③ 전주식당은 삼겹살이 아주 맛있어요.

④ 두 사람은 신주쿠에 있는 식당 앞에서 만나요.

나 次の質問に答えましょう。

① 10월 19일은 무슨 날이에요?

② 소미는 어떤 음식이 먹고 싶어요?

③ 두 사람은 왜 신주쿠에 있는 식당에 안 가요?

④ 누리식당은 누가 예약해요?

다 ペアでスクリプトを読んでみましょう。

라 ペアの人と誕生日の食事の約束をしてみましょう。
レストランは以下から一つ選んでください。

봉주르	마레
프랑스 음식 • 스테이크가 맛있다. • 가격이 비싸다. • 분위기가 좋다.	이탈리아 음식 • 파스타가 맛있다. • 가격이 싸다. • 분위기가 별로다.

✔ セルフチェック

☐ 日にちを尋ねて答えることができる。

☐ 「-(으)ㄹ까요?」と「-(으)ㅂ시다」を使って、友だちと約束を決めることができる。

부록

練習問題の答え

リスニング内容

日本語訳

変則のまとめ

０１課

文法❶　-예요/이에요

練習 1

1. 회사원이에요.
2. 유튜브를 보는 것이에요.
3. 뭐예요?
4. 일본 사람이에요?

文法❷　-는/은

練習 2

1. 저는 일본 사람이에요.
2. 선생님은 여자예요.
3. 취미는 유튜브를 보는 것이에요.

文法❸　-를/을 좋아해요

練習 3

1. 저는 한국 영화를 좋아해요.
2. 친구는 쇼핑을 좋아해요.

リーディング

가　②, ③

나
1. 일본 사람이에요.
2. K-pop을 좋아해요.
3. 대학생이에요.
4. 여행을 좋아해요.

０２課

文法❶　-가/이

練習 1

1. 물이
2. 친구가
3. 가방이
4. 열쇠가

練習 2

1. 취미가 뭐예요?
2. 이름이 뭐예요?
3. 집이 어디예요?
4. 학교가 어디예요?

文法❸　있어요 / 없어요

練習 5

손수건이 있어요?
안경이 있어요?
이어폰이 있어요?
한국 친구가 있어요?
오빠가 있어요? / 형이 있어요?
언니가 있어요? / 누나가 있어요?
남자(여자) 친구가 있어요?

リスニング

가　1. ②　2. ③　3. ③　4. ④

０３課

文法❶　-에

練習 1

1. USJ는 오사카에 있어요.
2. 하우스텐보스는 나가사키에 있어요.
3. 선생님은 교실에 있어요.
4. 학교는 (　　　)에 있어요.

練習 2

1. **A:** 재민 씨가 어디에 있어요?
   B: 재민 씨는 학교에 있어요.
2. **A:** 아버지가 어디에 있어요?
   B: 아버지는 회사에 있어요.
3. **A:** 에버랜드가 어디에 있어요?
   B: 에버랜드는 용인에 있어요.
4. **A:** N서울타워가 어디에 있어요?
   B: N서울타워는 남산에 있어요.

1. A: 가방이 어디에 있어요?
   B: 의자 아래에 있어요.
2. A: 책이 어디에 있어요?
   B: 가방 안에 있어요.
3. A: 쓰레기통이 어디에 있어요?
   B: 교실 밖에 있어요.
4. A: 자동차가 어디에 있어요?
   B: 집 앞에 있어요.
5. A: 고양이가 어디에 있어요?
   B: 나무 뒤에 있어요.
6. A: 켄지 씨가 어디에 있어요?
   B: 리사 씨 왼쪽에 있어요.
      리사 씨 옆에 있어요
7. A: 선생님이 어디에 있어요?
   B: 소미 씨 오른쪽에 있어요.
      소미 씨 옆에 있어요.

リーディング

가 ②, ③

나
1. 마트 위에 있어요.
2. 옷가게하고 식당하고 카페가 있어요.
3. 서점하고 옷가게에 자주 가요.
4. 리사 씨 취미는 독서예요. 그래서 서점에 자주 가요.

0 4 課

語彙と表現 개, 명, 병, 잔

1. A: 아이가 몇 명 있어요?
   B: 여섯 명 있어요.
2. A: 맥주가 몇 병 있어요?
   B: 여덟 병 있어요.
3. A: 물이 몇 잔 있어요?
   B: 아홉 잔 있어요.
4. A: 콜라가 몇 병 있어요?
   B: 한 병 있어요.

5. A: 김밥이 몇 개 있어요?
   B: 다섯 개 있어요.
6. A: 커피가 몇 잔 있어요?
   B: 일곱 잔 있어요.
7. A: 학생이 몇 명 있어요?
   B: 열 명 있어요.
8. A: 주스가 몇 잔 있어요
   B: 네 잔 있어요.
9. A: 사이다가 몇 병 있어요?
   B: 열두 병 있어요.
10. A: 남자가 몇 명 있어요?
    B: 열세 명 있어요.
11. A: 우산이 몇 개 있어요?
    B: 두 개 있어요.
12. A: 컵이 몇 개 있어요?
    B: 세 개 있어요.

文法❶ -도

1. 딸기를 좋아해요. 그리고 망고도 좋아해요.
2. 리사 씨가 학생이에요. 그리고 켄지 씨도 학생이에요
3. 네, 오빠가 있어요. 그리고 여동생도 있어요.
4. 은행에 가요. 그리고 편의점에도 가요.

リスニング

가 1.① 2.③ 3.② 4.③ 5.② 6.④

0 5 課

語彙と表現 漢数字0~10

8(팔), 9(구), 6(육), 5(오), 1(일), 3(삼), 6(육), 4(사)

① 공육에 이팔사오에 칠팔일공
② 공구공에 삼팔이구에 오삼일사

③ 공칠오에 육이구일에 팔삼이구
④ 공삼에 사오이팔에 삼칠일이

練習 3

1です(일이에요), 2です(이예요),
3です(삼이에요), 4です(사예요), 5です(오예요)
6です(육이에요), 7です(칠이에요),
8です(팔이에요), 9です(구예요)

練習 5

1. **A:** 유카 씨 핸드폰 번호가 몇 번이에요?
   B: 공구공에 삼이사육에 일일오구예요.
2. **A:** 리사 씨 전화번호가 몇 번이에요?
   B: 공삼에 이칠일팔에 오일육육이에요.
3. **A:** 재영 씨 전화번호가 몇 번이에요?
   B: 공이에 오칠삼에 구구육일이에요.
4. **A:** 현우 씨 핸드폰 번호가 몇 번이에요?
   B: 공일공에 팔육구칠에 이사삼육이에요.

語彙と表現 漢数字10~10,000

練習 6

25(이십오), 39(삼십구), 54(오십사), 67(육십칠),
71(칠십일), 82(팔십이), 96(구십육)

練習 7

3(삼)층, 20(이십)층, 107(백칠번)번 버스,
205(이백오)호, 1143(천백사십삼)호실

練習 8

1. 7(칠)층이에요.
2. 163(백육십삼)번 버스예요.
3. 324(삼백이십사)호실이에요.
4. 1020(천이십)호실이에요.

文法 -가/이 아니에요

練習 1

1. 빵이 아니에요.
2. 한국 식당이 아니에요.
3. 독서가 아니에요.
4. 언니가 아니에요.

練習 2

1. **A:** 커피예요?
   B: 아니요, 커피가 아니에요. 카페라떼예요.
2. **A:** 일본 사람이에요?
   B: 아니요, 일본 사람이 아니에요.
   한국 사람이에요.
3. **A:** 남자친구예요?
   B: 아니요, 남자친구가 아니에요. 남사친이에요.
4. **A:** 06-537-6691이에요?
   B: 아니요, 6691이 아니에요. 6692예요.

リーディング

가 ③, ④
나 1. 한국어 회화 동아리예요.
   2. 수요일 오후에 있어요.
   3. A동 3층에 있어요.
   4. 090-2643-8271이에요.
   (공구공에 이육사삼에 팔이칠일이에요.)
다 수요일 / 동아리 / 이 아니에요 / 누구든지 /
   호실 / 전화번호

0 6 課

語彙と表現 시간

練習 1

1. 오후 아홉 시예요.
2. 오전 열두 시예요.
3. 오후 네 시예요.
4. 오전 일곱 시예요.
5. 오전 다섯 시 삼십 분이에요.
   다섯 시 반이에요.
6. 오후 세 시 사십오 분이에요.
7. 오전 열 시 오십 분이에요.
8. 오후 여덟 시 십오 분이에요.

練習 2

1. 한 시 사십팔 분
2. 여덟 시 삼십 분 / 여덟 시 반
3. 열두 시 오십오 분
4. 오전 아홉 시 삼십 분 / 오전 아홉 시 반
5. 오후 두 시 사십육 분

文法❶ -아/어요①

練習 1

전화하다	점심 식사하다	이야기하다	운동하다
전화해요	점심 식사해요	이야기해요	운동해요

文法❶ -에

練習 2

1. **A:** 몇 시에 쇼핑해요?
    B: 세 시에 쇼핑해요.
2. **A:** 몇 시에 아르바이트해요?
    B: 다섯 시에 아르바이트해요.
3. **A:** 몇 시에 저녁 식사해요?
    B: 일곱 시 삼십 분에 저녁 식사해요.
    (일곱 시 반에 저녁 식사해요.)

リスニング

가 ④

나 1. 열두 시까지 수업이 있어요.
2. 쇼핑해요.
3. 마린 쇼핑몰 앞에서 봐요.
4. 세 시 삼십 분에 약속이 있어요.

０７課

文法❶ -아/어요②

살다 → 살아요	앉다 → 앉아요
먹다 → 먹어요	읽다 → 읽어요
일어나다 → 일어나요	사다 → 사요
자다 → 자요	서다 → 서요
켜다 → 켜요	보다 → 봐요

배우다 → 배워요	주다 → 줘요
쉬다 → 쉬어요	마시다 → 마셔요
가르치다 → 가르쳐요	걷다 → 걸어요
묻다 → 물어요	

練習 1

공부해요	아르바이트해요	가요	와요	놀아요
만나요	줘요	봐요	기다려요	마셔요
먹어요	배워요	쉬어요	들어요	읽어요

練習 2

1. 빵을 먹어요.
2. 주스를 마셔요.
3. 친구를 기다려요.
4. 책을 읽어요.
5. 영화를 봐요.
6. 노래를 들어요.

練習 4

1. 오늘 뭐 해요?
2. 언제 한국어를 공부해요?
3. 보통 아침에 뭐 마셔요?
4. 요즘 무슨 노래를 들어요?

文法❷ -를/을

練習 5

1. 우유를 마셔요.   2. 옷을 사요.
3. 한국 드라마를 봐요.   4. 친구를 만나요.
5. 케이팝을 좋아해요.   6. 지하철을 타요.

文法❸ -에서

練習 6

1. 학교에서 한국어 수업을 들어요.
2. 카페에서 친구를 만나요.
3. 편의점에서 물을 사요.
4. 도서관에서 공부해요.

가 ③, ④

나
1. 켄지 씨는 보통 일곱 시에 일어나요.
2. 빵하고 샐러드를 먹어요.
3. 좋아하는 케이팝 가수 노래를 들어요.
4. 도서관에서 책을 읽어요.
5. 드라마를 봐요.

08 課

文法❶　-았/었어요

練習 1

1. 만났어요
2. 읽었어요
3. 마셨어요
4. 배웠어요
5. 봤어요
6. 들었어요
7. 일했어요
8. 학생이었어요

練習 2

1. 어제 한국 식당에 갔어요.
2. 오늘 아침 여섯 시에 일어났어요.
3. 지난주 수요일에 수업을 들었어요.
4. 지난 주말에 영화를 봤어요.
5. 리사 씨하고 소미 씨는 1년 전에 친구가 아니었어요.

文法❷　안

練習 4

1. 안 좋아해요
2. 안 마셔요
3. 안 들어요
4. 운동 안 해요
5. 숙제 안 했어요

文法❸　-지요?

練習 6

친구지요?　　　　　생일이지요?
운동하지요?　　　　좋아하지요?
듣지요?　　　　　　놀지요?
숙제했지요?　　　　봤지요?

練習 7

1. **A:** 커피를 마시지요?
   B: 네, 맞아요. 마셔요.
   　　아니요, 안 마셔요.
2. **A:** 취미가 여행이지요?
   B: 네, 맞아요. 여행이에요.
   　　아니요, 여행이 아니에요.
3. **A:** 우유를 좋아하지요?
   B: 네, 맞아요. 좋아해요.
   　　아니요, 안 좋아해요.
4. **A:** 어제 한국어를 공부했지요?
   B: 네, 맞아요. 공부했어요.
   　　아니요, 공부 안 했어요.

リーディング

가 ④

나
1. 오늘 아침에 시험 공부를 했어요.
2. 두 시간 동안 했어요.
3. 나의 취미생활이었어요.
4. 시간이 부족했어요. 그래서 조금 썼어요.
5. 네, 아침을 먹었어요.

09 課

文法❶　- (으)로 가다/오다/다니다

練習 1

1. 버스로 가요.
2. 전철로 다녀요.
3. KTX로 가요.
4. 비행기로 와요.

文法❷　- (으)러 가다/오다

練習 3

1. 사러 가요
2. 빌리러 가요
3. 쇼핑하러 가요
4. 보내러 가요
5. 찾으러 가요
6. 만들러 가요

練習 **4**

1. 은행에 돈을 찾으러 가요.
2. 공원에 산책하러 가요.
3. 우체국에 편지를 보내러 가요.
4. 학교에 한국어를 배우러 와요.

文法❸ - 고 싶다

練習 **6**

1. 영화를 보고 싶어요.
2. 내년에 유학을 가고 싶어요.
3. 주말에 친구하고 놀고 싶어요.
4. 좀 걷고 싶어요.
5. 한국 친구를 사귀고 싶어요.

リスニング

가 ③, ④

나 1. 작년에 갔어요.
2. 유원지에 가 보고 싶어요.
3. 두 시간쯤 걸려요.
4. 남자친구하고 차로 가요.

10課

文法❶ -(으)ㄹ까요?

練習 **1**

읽을까요?　　　　　앉을까요?
배울까요?　　　　　들을까요?
식사할까요?　　　　놀까요?

練習 **2**

1. 내일 같이 쇼핑할까요?
2. 내일 같이 영화 볼까요?
3. 우리 같이 커피 마실까요?
4. 일요일에 같이 놀러 갈까요?
5. K-pop을 들을까요?

練習 **3**

1. A:같이 영화 볼까요?
   B:네, 봐요.
2. A:같이 먹으러 갈까요?
   B:네, 먹으러 가요.
3. A:같이 한국에 여행 갈까요?
   B:네, 여행 가요.
4. A:좀 걸을까요?
   B:네, 걸어요.

文法❷ -(으)ㅂ시다

練習 **4**

만나다 → 만납시다　　　한잔하다 → 한잔합시다
보다 → 봅시다　　　　　걷다 → 걸읍시다
먹다 → 먹읍시다　　　　듣다 → 들읍시다
앉다 → 앉읍시다　　　　놀다 → 놉시다

練習 **5**

1. 수업 후에 차 한잔합시다
2. 이번 주 일요일에 영화 봅시다
3. 오늘 저녁에 삼겹살을 먹읍시다
4. 주말에 시내에서 놉시다
5. 좀 걸읍시다

練習 **6**

1. B: 네, 좋아요. 같이 갑시다 / 같이 가요.
2. B: 네, 좋아요. 같이 먹읍시다 / 같이 먹어요.
3. B: 네, 좋아요. 같이 봅시다 / 같이 봐요.
4. B: 네, 좋아요. 같이 만듭시다/같이 만들어요.

リスニング

가 ②

나 1. 하준 씨 생일이에요.
2. 한식이 먹고 싶어요.
3. 소미 씨는 그 가게 음식이 별로였어요.
   그래서 그 식당에 안 가요.
4. 소미 씨가 예약해요.

0 2 課

가방에 뭐가 있어요?

1. 남: 이게 뭐예요?
   여: 필통이에요.
   남: 그럼, 저게 뭐예요?
   여: 안경통이에요.

2. 남: 이게 커피예요?
   여: 아니요, 카페라떼예요.
   남: 그럼, 그게 뭐예요?
   여: 커피예요.

3. 여: 가방에 뭐가 있어요?
   남: 핸드폰하고 지갑이 있어요.
   여: 손수건 없어요?
   남: 네, 없어요.

4. 여: 교실에 누가 있어요?
   남: 리사 씨하고 소미 씨가 있어요.
   여: 켄지 씨는 없어요?
   남: 아! 켄지 씨 있어요!

0 4 課

한국어 반에 학생이 몇 명 있어요?

1. 〈술집〉
   남: 여기요! 콜라 한 병하고 맥주 두 병 주세요.
      그리고 해물파전 하나 주세요.
   여: 네, 콜라 한 병, 맥주 두 병, 해물파전 하나요.
   남: 네, 그리고 컵 네 개 주세요.
   여: 네, 알겠습니다.

2. 〈학교〉
   남: 한국어 반에 학생이 몇 명 있어요?
   여: 모두 열다섯 명 있어요.
   남: 남자 학생은 몇 명이에요?
   여: 남자 학생은 여섯 명이에요.
   남: 여자 학생은 몇 명이에요?

   여: 아홉 명이에요.

3. 〈카페〉
   여: 카페라떼 세 잔하고 아메라카노 한 잔 주세요.
   남: 네, 알겠습니다.
   여: 물도 네 잔 주세요.
   남: 네, 알겠습니다.

4. 〈과일가게〉
   여: 사과 다섯 개 주세요.
   남: 네.
   여: 귤 있어요?
   남: 네, 있어요.
   여: 귤 열 개 주세요.
   남: 네, 여기 있어요.

0 6 課

어디에서 쇼핑해요?

소미: 리사 씨, 내일 뭐 해요?
리사: 내일 한국어 수업이 있어요.
소미: 몇 시까지 수업이 있어요?
리사: 12시까지 수업이 있어요.
소미: 그럼 오후에 시간 있어요?
리사: 12시 반에 친구하고 점심 약속이 있어요.
      3시부터 시간 있어요. 왜요?
소미: 그럼 저하고 쇼핑해요.
리사: 네, 좋아요. 어디에서 쇼핑해요?
소미: 마린 쇼핑몰 어때요?
리사: 좋아요. 몇 시에 봐요?
소미: 마린 쇼핑몰 앞에서 3시 30분에 봐요.
리사: 네, 그럼 내일 봐요.

0 9 課

에버랜드에 어떻게 가요?

하준: 리사 씨 방학 때 뭐 해요?
리사: 한국에 가요.

하준: 좋겠어요. 저도 가고 싶어요. 그런데 한국에서
　　　뭐 해요?
리사: 아직 안 정했어요. 유원지에 가 보고 싶어요.
하준: 그럼 에버랜드 어때요?
리사: 에버랜드요? 어디에 있어요?
하준: 용인에 있어요. 작년에 친구하고 갔어요. 정말
　　　재미있었어요. 특히 티익스프레스는 정말 무서
　　　웠어요. 하지만 또 타고 싶어요.
리사: 티익스프레스가 뭐예요?.
하준: 제트코스터예요.
리사: 제트코스터요? 저 제트코스터 너무 좋아해요.
　　　타고 싶어요. 에버랜드에 어떻게 가요?
하준: 서울역에서 셔틀버스로 가요.
리사: 시간이 얼마나 걸려요?
하준: 버스로 한 시간 반쯤, 지하철로 두 시간쯤 걸려
　　　요.
리사: 그럼 차로 가야겠어요.
하준: 차가 있어요?
리사: 네, 실은 한국에 남자 친구가 있어요.

１０ 課

오후 다섯 시에 식당 앞에서 만납시다

하준: 소미 씨, 10월 19일에 시간 있어요?
소미: 왜요?
하준: 그날 제 생일이에요. 소미 씨하고 같이 식사하고
　　　싶어요.
소미: 아… 그래요? 좋아요.
하준: 뭐 먹고 싶어요?
소미: 한식이 먹고 싶어요.
하준: 제가 맛집을 알아요. 거기에 갈까요?
소미: 식당 이름이 뭐예요?
하준: 전주식당이에요. 신주쿠에 있어요.
소미: 아! 거기 어제 남자 친구하고 갔어요.
하준: 네?! 남자 친구가 있어요?
소미: 그냥 친구예요. 그런데 저는 그 가게 음식이 별
　　　로였어요.
하준: 그냥 친구요? 아~ 네… 그럼 다른 식당에 갑시
　　　다.

소미: 시부야에 있는 누리식당은 어때요?
　　　거기 삼겹살이 아주 맛있어요.
하준: 그럼 거기로 갑시다.
소미: 네, 좋아요. 몇 시에 만날까요?
하준: 오후 5시에 식당 앞에서 만납시다.
소미: 네, 알겠어요. 제가 예약할게요.

0 1 課

会話

リサ　　：こんにちは。お名前は何ですか？
ハジュン：カン・ハジュンです。お名前は何ですか？
リサ　　：私は安藤リサです。ハジュンさん、韓国人ですか？
ハジュン：はい、韓国人です。
リサ　　：私は日本人です。お会いできて嬉しいです。

リーディング

① こんにちは。
　私は杉本ケンジです。
　日本人です。
　趣味は読書です。
　K-popが好きです。
　お会いできて嬉しいです。

② こんにちは。
　私はユ・ソミです。
　韓国人です。
　大学生です。
　旅行が好きです。
　お会いできて嬉しいです。

0 2 課

会話

ソミ：これは何ですか？
リサ：ペンケースです。
ソミ：とてもかわいいですね。このペンケースはインタネットショッピングモールにありますか？
リサ：はい、あります。
ソミ：あ、そうですか？ありがとうございます。

リスニング

① 가: これは何ですか？
　　나: ペンケースです。
　　가: では、あれは何ですか？
　　나: メガネケースです。

② 가: これはコーヒーですか？
　　나: いいえ、カフェラテです。
　　가: では、それは何ですか？
　　나: コーヒーです。

③ 가: かばんには何がありますか？
　　나: 携帯電話と財布があります。
　　가: ハンカチはないですか？
　　나: はい、ありません。

④ 가: 教室に誰がいますか？
　　나: リサさんとソミさんがいます。
　　가: ケンジさんはいませんか？
　　나: あ! ケンジさんいます！

0 3 課

会話

リサ：ケンジさん、いますか？
ソミ：いいえ、いません。図書館にいます。
リサ：図書館はどこにありますか？
ソミ：食堂の隣にあります。
リサ：あ、そうですか？ありがとうございます。

リーディング

私は自分の町が好きです。
私の町には銀行、スーパー、郵便局、本屋、コンビニ、ショッピングモールがあります。
郵便局の左にコンビニがあります。そして郵便局の右に銀行があります。銀行の向かいにスーパーがあります。そのスーパーの上に本屋があります。
私の趣味は読書です。だから、本屋によく行きます。

そして駅の隣にはショッピングモールがあります。
ショッピングモールの中に服屋さんと食堂がたくさんあります。カフェもあります。
私は買い物が好きです。だから、服屋さんにもよく行きます。

0 4 課

会話

ハジュン: すみません！スンドゥブチゲ1つとビビンバ2つください。
従業員　: はい、かしこまりました。
ハジュン: おしぼりはありますか？
従業員　: はい。どうぞ。

リスニング

① **居酒屋で**
　가: すみません！コーラ1本とビール2本ください。そして、海鮮チヂミ1つください。
　나: はい、コーラ1本、ビール2本、海鮮チヂミ1つですね。
　가: はい、それからコップ4つください。
　나: はい、かしこまりました。

② **学校で**
　가: 韓国語クラスに学生は何人いますか？
　나: 全員で15人います。
　가: 男の学生は何人ですか？
　나: 男の学生は6人です。
　가: 女の学生は何人ですか？
　나: 9人です。

③ **カフェで**
　가: カフェラテ3つとアメリカーノ1つください。
　나: はい、かしこまりました。
　가: お水も4つください。
　나: はい、かしこまりました。

④ **果物屋で**
　가: りんご5個ください。
　나: はい。
　가: みかんはありますか？
　나: はい、あります。
　가: みかん10個ください。
　나: はい、こちらです。

0 5 課

会話

リサ: ハジュンさんの携帯番号は何番ですか？
ソミ: 080-2769-3082です。
リサ: ちょっと待ってください。080-2769-3081、合っていますか？
ソミ: いいえ、3081ではありません。3082です。
リサ: 3082ですね？ありがとうございます。

リーディング

> 　'韓国語会話サークル'の集まり
> 誰でも歓迎します！(1年生だけではありません。2年生、3年生、4年生も大丈夫です。)
> ・いつ: 水曜日の午後
> ・サークルルーム: A棟3階308号室
> ・電話: 090-2643-8271

0 6 課

会話

ハジュン: リサさん、今日の午後は何をしますか？
リサ　　: アルバイトをします。
ハジュン: 何時から何時までアルバイトをしますか？
リサ　　: 5時から9時までアルバイトをします。
ハジュン: どこでアルバイトをしますか？
リサ　　: カフェでします。

ソミ: リサさん、明日何をしますか？
リサ: 明日韓国語の授業があります。
ソミ: 何時まで授業がありますか？
リサ: 12時まで授業があります。
ソミ: では、午後は時間がありますか？
リサ: 12時半に友だちとランチの約束があります。
　　　3時から時間があります。どうしてですか？
ソミ: じゃあ、私と一緒にショッピングしましょう。
リサ: はい、いいですよ。どこでショッピングしま
　　　すか？
ソミ: マリンショッピングモールはどうですか？
リサ: いいですね。何時に会いますか？
ソミ: マリンショッピングモールの前で3時30分に
　　　会いましょう。
リサ: はい、それでは明日会いましょう。

0 7 課

会話

ケンジ: 今週末、何をしますか？
ソミ　: 友だちに会います。
ケンジ: どこで会いますか？
ソミ　: デパートの前で会います。
ケンジ: 友だちと何をしますか？
ソミ　: 映画を見ます。

リーディング

私は普段7時に起きます。7時半に朝ごはんを食べ
ます。普段、パンとサラダを食べます。そして牛乳
を飲みます。時々コーヒーも飲みます。
朝は好きなK-pop歌手の歌を聴きます。そして学校
に行きます。学校で授業を受けます。
お昼は普段友だちと食堂で食べます。時々図書館で
本を読みます。そして午後4時から7時までアルバ
イトをします。8時に家で夕ご飯を食べます。そし
て宿題をします。その後、ドラマを見ます。普段
12時に寝ます。

0 8 課

会話

先生　: ケンジさん、宿題しましたよね？
ケンジ: いいえ、しませんでした。
先生　: どうしてしなかったんですか？
ケンジ: 忙しかったです。
先生　: どうして忙しかったんですか？
ケンジ: アルバイトがありました。

リーディング

今日、韓国語の試験を受けました。会話の試験
と作文の試験がありました。
私は試験の勉強をしませんでした。それで、今
朝早く起きました。朝、2時間勉強しました。
そして、学校に行きました。1時間目は会話の
試験でした。先生が韓国語で質問しました。私
は少しだけ答えました。ㅠㅠ
2時間目は作文の試験でした。作文のテーマは
「私の趣味の生活」でした。私は少しだけ書き
ました。なぜなら時間が足りなかったからで
す。ㅠㅠ
作文の練習はどうやってしますか？

タロウ: 僕は作文の試験、一文字も書きませんでし
　　　　た。ㅠㅠ
　　　　本当に作文の練習はどうやってしますか？
リュウセイ: 僕は日記を書いて練習しています。
モエ: 私は歌の歌詞を書き写します。
ハルナ: リサさん、朝ごはんは食べましたよね？
リサ: もちろんです ^^
セイカ: 会話試験の質問は何でしたか？

０９課

会話

ハジュン：リサさん、週末は何をしますか？
リサ　　：USJに遊びに行きます。
ハジュン：そうですか？僕もUSJに行きたいです。
　　　　　どうやって行きますか？
リサ　　：大阪駅からJRで行きます。
ハジュン：大阪駅からUSJまでどのくらいかかりま
　　　　　すか？
リサ　　：15分くらいかかります。

リスニング

ハジュン：リサさん、休みの時は何をしますか？
リサ　　：韓国に行きます。
ハジュン：いいですね。僕も行きたいです。ところ
　　　　　で、韓国で何をしますか？
リサ　　：まだ決めていません。遊園地に行ってみ
　　　　　たいです。
ハジュン：それならエバーランドはどうですか？
リサ　　：エバーランドですか？どこにあります
　　　　　か？
ハジュン：龍仁（용인）にあります。去年友だちと行
　　　　　きました。本当に楽しかったです。
　　　　　特にティーエクスプレスは本当に怖かっ
　　　　　たです。でもまた乗りたいです。
リサ　　：ティーエクスプレスって何ですか？
ハジュン：ジェットコースターです。
リサ　　：ジェットコースターですか？私、ジェッ
　　　　　トコースターが大好きです。
　　　　　乗ってみたいです。エバーランドにどう
　　　　　やって行きますか？
ハジュン：ソウル駅からシャトルバスで行きます。
リサ　　：時間はどのくらいかかりますか？
ハジュン：バスで1時間半くらい、地下鉄で2時間く
　　　　　らいかかります。
リサ　　：じゃあ、車で行かないといけませんね。
ハジュン：車を持っているんですか？
リサ　　：はい、実は韓国に彼氏がいるんです。

１０課

会話

ケンジ：一緒に映画を見ましょうか？
ソミ　：はい、そうしましょう。一緒に映画を見ま
　　　　しょう。
ケンジ：いつ会いましょうか？
ソミ　：日曜日の12時はどうですか？
ケンジ：はい、いいですね。どこで会いましょう
　　　　か？
ケンジ：ミライデパートの前で会いましょう。

リスニング

ハジュン：ソミさん、10月19日、時間ありますか？
ソミ　　：どうしてですか？
ハジュン：その日、僕の誕生日なんです。
　　　　　ソミさんと一緒に食事をしたいです。
ソミ　　：あ…そうですか？いいですよ。
ハジュン：何が食べたいですか？
ソミ　　：韓国料理が食べたいです。
ハジュン：僕が美味しいお店を知っています。
　　　　　そこに行きましょうか？
ソミ　　：お店の名前は何ですか？
ハジュン：チョンジュ食堂です。新宿にあります。
ソミ　　：あ！そこには昨日、男の友達と行きまし
　　　　　た。
ハジュン：え!! 彼氏がいるんですか？
ソミ　　：ただの友だちです。でも私はそのお店の
　　　　　料理がいまいちでした。
ハジュン：ただの友だちですか？あ〜、そうです
　　　　　か…。じゃあ、他の店に行きましょう。
ソミ　　：渋谷にある「ヌリ食堂」はどうですか？
　　　　　そこ、サムギョプサルがとても美味しい
　　　　　です。
ハジュン：じゃあ、そこに行きましょう。
ソミ　　：はい、いいですね。何時に会いましょう
　　　　　か？
ハジュン：午後5時にお店の前で会いましょう。
ソミ　　：はい、わかりました。私が予約しますね。

❶ ㄷ変則   ㄷ ———아/어, 으———→ ㄹ

動詞の語幹が「ㄷ」で終わる場合、後ろに「아／어」や「으」が続くと、「ㄷ」が「ㄹ」に変わることがあります。

例　듣다(聞く)+ 아/어요 → 들어요
　　걷다(歩く)+ (으)ㄹ까요? → 걸을까요?

※ ただし、「닫다(閉める)」や「받다(貰う、受ける)」のように、「ㄷ」が変化しない規則活用の動詞もあります。

❷ 으脱落   ― ———아/어———→ ✕

動詞や形容詞の語幹の母音が「―」の場合、後ろに「아/어」が続くと、「―」の母音が脱落します。

・語幹が1文字の場合：「―」を脱落させて、「ㅓ요」をつけます。
　例　쓰다 （書く） + 아/어요 → ㅆ + ㅓ요 → 써요

・語幹が2文字以上の場合：「―」の前の母音を見て、「ㅏ요」か「ㅓ요」を選びます。
　– 前の母音が「ㅏ」または「ㅗ」は「ㅏ요」をつけます。
　例　아프다 （痛い） + 아/어요 → 아ㅍ + ㅏ요 → 아파요
　– それ以外は「ㅓ요」をつけます。
　例　예쁘다 （嬉しい） + 아/어요 → 예ㅃ + ㅓ요 → 예뻐요

韓国語の道しるべ 1

초판 인쇄	2026년 1월 12일
초판 발행	2026년 1월 16일
저자	이은숙, 송미경
편집	권이준, 김아영, 윤상희
펴낸이	엄태상
디자인	이건화
조판	이서영
콘텐츠 제작	김선웅, 장형진
마케팅본부	이승욱, 노원준, 조성민, 이선민, 김동우
경영기획	조성근, 최성훈, 김로은, 최수진, 오희연
물류	정종진, 윤덕현, 신승진, 구윤주
펴낸곳	한글파크
주소	서울시 종로구 자하문로 300 시사빌딩
주문 및 교재 문의	1588-1582
팩스	0502-989-9592
홈페이지	http://www.sisabooks.com
이메일	book_korean@sisadream.com
등록일자	2000년 8월 17일
등록번호	제300-2014-90호

ISBN 979-11-6734-089-4 (13710)